华章经管
HZBOOKS | Economics Finance Business & Management

华章经典·金融投资

21条颠扑不破的
交易真理

THE 21 IRREFUTABLE TRUTHS OF TRADING
A Trader's Guide to Developing a Mind to Win

［美］约翰·H. 海登 著　李猷译
JOHN H. HAYDEN

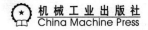
机械工业出版社
China Machine Press

图书在版编目（CIP）数据

21条颠扑不破的交易真理/（美）约翰·H.海登（John H. Hayden）著；李猷译．
—北京：机械工业出版社，2020.9

（华章经典·金融投资）

书名原文：The 21 Irrefutable Truths of Trading: A Trader's Guide to Developing a Mind to Win

ISBN 978-7-111-66522-9

I. 2… II. ① 约… ② 李… III. 证券交易 IV. F830.91

中国版本图书馆CIP数据核字（2020）第183430号

本书版权登记号：图字 01-2020-4456

John H. Hayden. The 21 Irrefutable Truths of Trading: A Trader's Guide to Developing a Mind to Win.

ISBN 978-0-07-135789-0

Copyright © 2000 by McGraw-Hill Education.

All Rights reserved. No part of this publication may be reproduced or transmitted in any form or by any means, electronic or mechanical, including without limitation photocopying, recording, taping, or any database, information or retrieval system, without the prior written permission of the publisher.

This authorized Chinese translation edition is jointly published by McGraw-Hill Education and China Machine Press. This edition is authorized for sale in the People's Republic of China only, excluding Hong Kong, Macao SAR and Taiwan.

Translation copyright © 2020 by McGraw-Hill Education and China Machine Press.

版权所有。未经出版人事先书面许可，对本出版物的任何部分不得以任何方式或途径复制或传播，包括但不限于复印、录制、录音，或通过任何数据库、信息或可检索的系统。

本授权中文简体字翻译版由麦格劳－希尔（亚洲）教育出版公司和机械工业出版社合作出版。此版本经授权仅限在中华人民共和国境内（不包括香港、澳门特别行政区及台湾地区）销售。

版权 © 2020 由麦格劳－希尔（亚洲）教育出版公司与机械工业出版社所有。

本书封面贴有 McGraw-Hill Education 公司防伪标签，无标签者不得销售。

21条颠扑不破的交易真理

出版发行：机械工业出版社（北京市西城区百万庄大街22号　邮政编码：100037）

责任编辑：沈　悦		责任校对：李秋荣	
印　　刷：北京市荣盛彩色印刷有限公司		版　　次：2020年10月第1版第1次印刷	
开　　本：170mm×230mm　1/16		印　　张：14	
书　　号：ISBN 978-7-111-66522-9		定　　价：59.00元	

客服电话：（010）88361066　88379833　68326294　　投稿热线：（010）88379007
华章网站：www.hzbook.com　　读者信箱：hzjg@hzbook.com

版权所有·侵权必究
封底无防伪标均为盗版

本书法律顾问：北京大成律师事务所　韩光/邹晓东

献给我的三个孩子，

艾莉森、克里斯托弗和梅利莎

他们是上帝赐予我的珍宝。

| 致 谢 |

我要向帮助本书付梓的每一位同人致以深深的敬意。感谢商品交易顾问克里斯托弗·卡斯特罗维耶霍、玛丽·莱蒙斯博士、弗兰克·海登、约瑟夫·海登、托尼·利奥博士和汤姆·曼格里斯。我还要感谢每一位教导我的人,我把他们的教诲融入了本书。感谢商品交易顾问小安德鲁·卡德韦尔、安东尼·罗宾斯、理查德·麦考尔博士和商品交易顾问迈克尔·克拉克。

毫无疑问,如果没有艾莉森和克里斯托弗这两个和我一起生活的孩子给予的耐心、理解和支持,本书不可能面世。

此外,我还要感谢本书的编辑斯蒂芬·艾萨克斯,他能够从散乱的行文中挖掘出逻辑主题。我还要感谢给予我支持和鼓励的各位:卡罗尔·丹娜豪尔、托德·富尔顿、阿尔伯特·哈金斯、罗伯特·科勒、皮特·科勒、约翰·普罗克特、杰米·劳森和杰克·卡切夫斯基。

约翰·H. 海登(John H. Hayden)

| 目 录 |

致 谢

第一部分　优秀交易者的品格、恶习与信念

第1章　概述 / 3

第2章　自我中心者、信念错误者常亏损 / 14

第3章　信仰：优秀交易者的成功基石 / 37

第4章　成功需要信心 / 43

第5章　自律的交易者能够持续盈利 / 47

第6章　勇者无畏，大获全胜 / 54

第7章　莫把许愿当直觉 / 61

第8章　执着的交易者热爱交易 / 70

第9章　正直：远不止于诚实 / 73

第10章　灵活的交易者能够适应市场变化 / 77

第11章　恐惧：人人皆有，皆须掌控 / 83

第12章　愤怒：人皆易怒，敞开心胸　/ 93

第13章　怀疑和犹豫：破产的必由之路　/ 98

第14章　亏损：交易的代价　/ 103

第15章　持续的盈利源于正能量的信念　/ 113

第二部分　成功的交易策略

第16章　确定市场共识的策略　/ 121

第17章　进出市场的策略　/ 143

第18章　资金管理策略　/ 155

第19章　将交易方法书面化　/ 191

第20章　基本面分析策略　/ 197

第21章　计算机交易程序与优化谬误　/ 203

第22章　掌握交易技能需要付出时间　/ 207

结　语　融合归纳　/ 211

| 第一部分 |

THE 21 IRREFUTABLE TRUTHS OF TRADING

优秀交易者的品格、恶习与信念

第 1 章
概　　述

成、败，

不在拥挤街道的喧闹中，

亦不在欢呼喝彩的人群中，

而在你我手中。

——亨利·沃兹沃斯·朗费罗

实际上，我并不喜欢钱……但钱能令我平静。

——乔·路易斯

87年来，我目睹了一系列技术革命，但这些都没有消除人们对个性和思考能力的需要。

——伯纳德·巴鲁克

每年都有许多成功人士决定开始投资股票，或者交易大宗商品和外汇。所有交易者都在不断地提升知识水平，努力提高自己获取利润的能力。大多数人决定开始投资，是由于逻辑和情感方面的因素，尽管他们对其中一些因素的认识并不十分清晰。本书旨在帮助你轻松达成所求，降低成功的难度。先问一个核心问题：作为交易者，你想要实现什么目标？如果行为得当，市场会给你超乎想象的回报。反之，如果刚进市场就开错了门，那么承受的痛苦也会非比寻常！

人们通过努力取得成功，靠的是两个基本要素：洞悉外界和驾驭自己。就市场而言，实体环境由数字构成，即价格。有一个残酷的事实是：价格是随机的，没有人能够准确预测出商品明天的价格。交易者所做的，只是对商品明天的价格进行判断而已。要做到这一点，交易者需要一个有效的交易方法。

然而在此之前，交易者必须能够驾驭自己的内心，包括信念、价值观和规则。它们决定了交易者如何看待外部市场。想想自己曾经达成目标时候的样子，在达成目标之后，你还是当初的自己吗？你是否想过，要想成为成功的交易者，自己需要先成为怎样的人呢？

本书的目标就是让你获得尽可能多的优势，帮助你提升资产规模，加快赚钱的速度。虽然本书的目标读者是大宗商品、外汇和衍生品市场的交易者，但书中的内容对于股票的长期投资者同样有效。

交易新手大多是成功人士。医生、律师、飞行员和企业家构成了最大的4个交易群体，他们总想在市场中试试身手。当然，大宗商品的交易新手有着广泛多样的背景，不止这4个交易群体。但是对于股票投资者来说，这种分类就不尽准确了。

交易者在追求利润的路上已经亏损了数十亿美元，他们花费了数百万美元购买计算机交易程序，参加研讨会及阅读交易书籍。但可悲的是，大多数交易新手会在开户之后的 4~8 个月内，亏损大部分乃至全部的交易资金。

美国最大的两家交易杂志的续订率都偏低，说明不断有交易新手开始交易。显而易见，这些杂志投放的广告都是面向交易新手的。打开任意一份财经报纸，都可以找到大量面向交易新手的广告。另外，交易培训行业每年都能赚到数百万美元，并且越面向交易新手的培训研讨班越受欢迎。

交易的诱惑确实十分强大。还有哪个地方能让交易者在 1 年之内，用 1 万美元赚到 100 万美元呢？有哪个地方能让交易者获得 500% 的回报率呢？交易新手无论身处哪里，都会听到或看到其他交易者获得惊人回报。每一位交易新手都能告诉你，在英镑贬值的时候，乔治·索罗斯没几天就赚了 10 多亿美元。每位交易新手都想从中分一杯羹。

每个人都会告诉交易新手 90% 的人会在 12 个月内亏损全部交易资金，但会有 10% 的人赚到钱。对于初入市场的交易者来说，这意味着有 10% 的交易者会取得巨大成功。大多数交易新手从来不会去怀疑这个假设的缺陷，因为大多数交易新手在自己的专业领域中已经处于前 10% 的位置，他们想当然地认为自己也会在交易中成为 10% 的成功者。遗憾的是，9∶1（亏∶盈）的比率是基于 12 个月内进行过交易的交易者总数得出的。这个比率的基数不是交易新手，而是全部的交易者。所以很不幸，100 位交易新手里面也就 1~2 个人能在未来 12 个月内实现正收益。交易新手亏损 65%~95% 交易资金的平均时间为 4~6 个月！

当一个人决定开始交易大宗商品时，就像刚开启职业生涯时一样，他会面临多种选择。但这两者最大的区别在于，大多数人是在结构化的学习环境（通常为大学或企业）中开启自己的职业生涯的。几乎无一例外，他们在各自的职业生涯中进入了"10%的胜者圈"。但交易没有结构化的学习环境，没有教授或者商业客户指导交易者如何思考、如何操作和如何交易。大多数交易新手都会参加一两个交易研讨会，读几本书，买一套计算机交易程序，之后获取数据源。然后，他们会开立5000～20 000美元的交易账户，满怀期待能赚取成倍的回报。

交易新手的执念是一旦拥有了"圣杯"，交易就会变得异常简单。但当他们的交易资金余额开始上下波动时，交易者就会变得患得患失，最终亏损或崩溃。无论交易者最初是盈利的还是亏损的，都是如此。

交易者能否成功最终取决于其心理认知和信念。大多数交易新手真心相信"圣杯"存在，那就是计算机交易程序——所有成功的交易者都会灵活使用它。交易新手坚信如果他们拥有由同样的计算机交易程序、信息来源和数据源组成的"交易巫师"，那么他们也能获得成功。大多数交易新手相信通过安装计算机交易程序或阅读一些技术分析书籍，就可以"买到"交易事业方面的成功。

在工作和生活中，如果有人问起这些交易新手，读一本书是否能使其事业成功，恐怕他们都会大声狂笑！无论是医生、企业家还是专业服务商，他们都知道获得成功的唯一途径就是长期的投入与努力。那么，为什么大多数交易新手会认为学习交易有捷径呢？

交易新手确信他们可以把自己专业领域的优势照搬过来，用在交易当中，通常包括努力工作、勤奋学习、锲而不舍与丰富的经验阅历。

作为交易新手，该如何避免上述错误呢？答案很简单，那就是要认识到交易能否成功，最终取决于人的心理认知、信念与态度。交易是一场游戏，就像打高尔夫球一样，是心理战！你需要确保自己的交易信念基于合理且正确的假设。

对于任何职业，无论是医生还是橄榄球运动员，都存在某些途径能够让人迅速获得成功。橄榄球运动员可以通过举重锻炼身体，从而成为强壮的运动员。然而，身强力壮的橄榄球运动员如果缺乏某些核心的信念和价值观，那么也将一文不名。同样地，交易者需要扩展自己的交易策略，同时还必须拥有某些核心的信念和价值观。

有一些放之四海而皆准的交易真理，被所有的优秀交易者所重视。这些普遍真理构成了真正的"圣杯"。真理一旦被发现，便不证自明，但如果不付出艰苦卓绝的努力，就很难发现真理。

这些普遍真理都是什么呢？为什么到目前为止，没有人在研讨会或出版物上提到这些真理？交易的普遍真理就是本书提及的品格、恶习与信念。

本人何德何能，敢说存在一个被其他人都忽略了的"圣杯"？又怎么敢说存在一些基础性的、颠扑不破的交易真理呢？毕竟，已经有很多资深交易者写过很多书籍，传授过各种各样的交易方法。为什么他们都忽略了如此明显的真理呢？

答案直截了当。据我所知，没有人愿意公开承认存在永恒的交易真理。这些真理是由某些内在的信念和价值观组成的，而这些信念和价值观需要人们付出时间和努力去构建。这些真理没法白天买来晚上学，然后明天就用上。

永恒的真理在生活中无处不在。在自然界，鱼不能飞，鹰不能游，两者却都需要氧气才能生存。摩天大楼由钢筋水泥而非木材建造，且必须建立在坚实的地基之上。火箭只有遵守物理定律才能进入太空。同样，所有的优秀交易者都遵循着某些永恒的交易真理。

大多数交易新手认为，假如他们也有足够的钱、决心或创造力，就能成功。人们倾向于相信一切皆有可能。交易新手也相信自己属于"10%的胜者圈"，并能够轻而易举地跻身这个圈子。人们也倾向于相信很容易就能应用这些永恒的交易真理，因为在他们看来，交易真理就是计算机交易程序。

当交易新手从事交易的时间足够长之后，他们将慢慢地开始认同有些真理要不惜一切代价去遵循。一旦交易者接受了这个原则，压力、不确定性与挫败感就会烟消云散。难点在于，大多数交易新手从未达到过这个境界。他们会提前离场，在发现自己亏损是因为违反了一些颠扑不破的真理之前退出市场。而一旦对交易真理敞开心扉，交易者就会很容易发现真理究竟是什么。

我从1976年开始交易股票，1982年开始交易实物黄金，1993年开始交易美国国债。20多年来，交易一直是我的一大爱好。我发现，无论优秀的交易者交易的是大宗商品、股票，还是钻石或马匹，他们都遵循了某些关于交易什么和如何交易的永恒真理！他们都致力于强化某些品格，并努力消除某些恶习。

多年来，我一直潜心研究是什么造就了优秀的交易者。现在我可以明确地告诉你，所有优秀的交易者都会遵守交易的"自然法则"。这些真理与交易者使用的方法、进行交易的市场或交易方式都无关，没有任何真理能被编入计算机交易程序中，但它们可以存入大脑。

每个在自己专业领域或职业中脱颖而出的人，都是通过提升个人魅力，减少或消除个人缺陷实现的。他们都会强化自身品格，控制恶习。在当今世界，谈论品格和恶习似乎稍显奇怪，但毋庸置疑，这是所有成功人士职业生涯的共同基础。

本书试图帮助交易者缩短实现盈利目标的时间。我回馈市场的方式，是把交易者的喜悦、激情和满足感带给你。

> 每位交易者都有长处和短处。只要坚持自己的风格，你将用自己的方法盈利或亏损。当你试图融入别人的风格时，通常会以最差的结果结束。我见得多了。
>
> ——迈克尔·马库斯

交易新手认为，交易的"圣杯"是计算机交易程序。几乎所有交易新手都相信，把他们和成功人士区分开来的，是"专业人士"使用的计算机交易程序。如果他们能够预知未来的行情，那么他们也会变得富有。如果能拥有一个股票或大宗商品"专业人士"使用的"专业的"计算机交易程序，交易新手将愿意付出一切代价。

难道你不想拥有乔治·索罗斯或沃伦·巴菲特的计算机交易程序吗？交易新手会毫不犹豫地购买市面上最新、最快的超级计算机。然后，他们会绞尽脑汁决定购买哪种交易程序。实际上，只有两种程序可用：一种是告诉你以一定价格买入标准普尔指数的黑箱系统，另一种是你自己可以自行设置的分析市场行情的程序。

一些交易新手也会参加研讨会，学习最新的交易技术或程序。另外一些交易者不愿使用计算机交易程序，他们通过查询资讯、传真或电子邮件，以获取内幕消息。因此，他们只交易别人推荐的标的。

绝大多数交易者（包括新手和老手）很聪明，并且在各自的行业中取得了很高的成就。但由于不愿错过玉米期货的下一次大幅波动，或者下一个微软，大多数交易者永远不会停下来去反思所有这些行为的基本假设前提。

不可否认，有些交易者（交易股票、大宗商品和外汇）是持续盈利的，他们挣大钱的事情众所周知。大多数交易者使用计算机程序来处理数据，并且优秀交易者的计算机交易程序被认为是最高机密。

这些事实导致几乎所有人都认为，优秀交易者之所以成功是因为他们拥有一套能够正确分析并预测市场行情的计算机交易程序。每个人都在关注计算机的配置、计算机交易程序及成功交易者所拥有的数据源或消息。没有人去思考这个基本问题：交易者的个人能力和计算机交易程序孰轻孰重？

"圣杯"是买不来的！对于大多数交易者来说，"圣杯"并不存在。请允许我打消交易者的这种念头——把它扔进棺材里，紧紧地钉上盖子。就算你一觉醒来，发现仙女趁你睡觉时，在你的计算机里安装了保罗·琼斯使用的计算机交易程序，你也绝不可能获得像他那样的高额回报！

没有任何资讯、传真或电子邮件能让你日进斗金，没有任何一种计算机交易程序能为你打开财富之门。忘掉电子邮件、咨询热线和互联网聊天室吧，这些都不会让你发财，算了吧！

很抱歉，我打破了许多交易新手珍视的泡沫。在与成百上千的交易者进行交谈并检视了上千个账户之后，我可以告诉你，根本就不存在交易新手想象中的"圣杯"。

我来问几个问题。

- 如果交易者花上几千美元，就能买到号称能让人成倍获利的计算机交易程序，那么，怎么会有人卖这样的程序呢？为什么程序员不自己成立一个对冲基金或者当商品交易顾问，去赚更多的钱呢？
- 为什么资讯服务商从不让交易者查看它的历史推荐业绩呢？
- 为什么大多数内部通讯撰稿人只提供泛泛的信息呢？比如，他们只说黄金的支撑位是300点，但他们不说应在300.5点买入黄金，并在270.5点止损。这是为什么呢？
- 为什么优秀的对冲基金、共同基金、大宗商品交易商和商品交易顾问，各自使用不同的交易方法？
- 为什么伯纳德·巴鲁克能在连"计算机"这个名词都不存在的时代，就积攒并守住了数百万美元的财富呢？
- 为什么每个人都认为杰西·利弗莫尔是有史以来最伟大的交易者之一，而事实上，他最后只落得自杀身亡且身无分文的结局？（最后这个问题是我自己的感慨，但很重要。）

对不起，各位。不经过艰苦努力，就想跻身茫茫人群当中赚几百万美元，没有这样的好事。正如P. T. 巴纳姆所说："每分钟都有一个傻瓜出生。"失败的交易者和交易新手一道投身到市场当中，成了分母。

也许你会说："等等，不是还有10%的交易者成功了吗？"这是个好问题，我来回答你。似乎每个人都记得这个统计数字：90%的交易者亏损了，10%的交易者赚钱了。几乎所有的交易新手都听过这句话，然后想："好吧，如果90%的交易者都亏损了，那么10%的人就赚到了剩下所有的钱。因为我比大多数人都聪明，所以我肯定会进入'10%的胜者圈'，然后发财。"

在这个推理当中，90%的交易新手亏损了，10%的交易新手赚钱了。我又得拿出一根尖针，再戳破一个泡沫。90%的统计基数是1年内的全部交易者，也就是说是全部交易者当中的10%赚了钱。现在让我们想一想，全部的交易者中只有10%的人赚钱，而经验可能会提高交易者成功的概率（交易新手缺乏经验），因此，会有远多于90%的交易新手亏损。

在3个月（1998年9~12月）的时间里，我与500多位交易新手（开户不到1年的交易者）进行了交谈，除了3个人之外，其他人都已经或者正在亏损！我供职的经纪公司平均每天开立50个账户，最低开户资金限额为5000美元。这意味着，那些在自己职业上聪明且成功的人每年亏损5000万美元！

这些人要么遵循咨询服务或黑箱系统的建议，要么试图基于技术分析，编写自己的计算机交易程序，但是他们都在亏损。我真诚希望这能引起你的重视。你知不知道，当你在一家大型经纪公司开户时，销售人员只能从你的开户资金中获得提成？你知不知道，销售人员通常只能从未来30天内存入经纪公司的增量资金中提成？你能猜出其中的原因吗？给你个提示，你觉得一个账户平均多久就会注销？

为了维持一个新账户，交易新手平均需要在60天内转入更多的钱。大多数交易者将在开户后4~6个月内退出交易，这就是他们亏掉全部资金所要花费的全部时间。真正相信计算机"圣杯"存在的人会停止交易，做更多的研究，购买其他交易程序，或者换一家资讯服务商，然后再将资金转入账户。

你应该已经意识到，你无法买到"圣杯"了，无论它是基于计算机交易程序还是咨询服务。你开始琢磨为什么要买这本书了吗？很好！我会告诉你一些好消息，但你必须明白你无法买到任何一种能让你赚上几百万美元的方法。不经过艰辛的努力，你是不可能成为伟大的交易者的。

我的目标是给你指路，但我无法让你成为优秀的交易者，只有你自己可以。"圣杯"是存在的，你已经拥有它了！它就根植于你的内心，那些阻碍你拿到"圣杯"的，是你的观念、信念，还有大量的宣传和广告垃圾，这些垃圾只会误导你。

"圣杯"就是：优秀的交易者之所以成功，不是因为他们使用了计算机交易程序，而是因为他们有能力掌控现实。计算机能够提供信息，但不能帮你思考。

"信息无法代替思考！"

优秀交易者都明白，他们的盈利能力主要基于其塑造品格和消除恶习的能力。当你问优秀交易者，控制情绪或遵守纪律对交易的成功有多重要时，他们的回应是相似的。今天获得成功的交易者，在600年前也会是交易郁金香的优秀交易者，同样，他们也会在1000年后的星际矿石交易中表现出色。这是因为虽然优秀交易者所使用的技术和工具会变化，但他们驾驭自己信念与价值观的能力亘古不变。

所有的优秀交易者都掌握了交易真理，他们愿意放弃的是计算机交易程序，而绝不是他们的心理认知、信念或价值观。这就是为什么即使交易新手使用相同的计算机交易程序也无法获得与保罗·琼斯相同的回报，交易新手的心理认知、信念、价值观或规则，与他不同。

"圣杯"就是这样，它是买不到的，也不能编进计算机交易程序里。所有的优秀交易者（健在的和已逝的）都拥有"圣杯"，这是因为他们对于塑造品格和消除恶习的重要性有着相似的信念。"圣杯"对他们来说，不过是根据21个颠扑不破的交易真理，进行自我审视的日常。

| 第 2 章 |

自我中心者、信念错误者常亏损

主要的障碍在于掺杂我们的情绪。

——伯纳德·巴鲁克

无论盈亏,人人都能从市场中得到自己想要的东西。有些人似乎不介意亏损,因此他们败中取胜。

——埃德·塞科塔

自我的经典定义，是人类精神意识中能够感知外部世界，并对外界做出反应的部分。在任何时候，自我都是交易者心理的一部分，必须加以约束。自我构建了人的自我形象。

自我是人类精神的一部分，会对三类需求进行感知并做出反应，这三类需求分别是：对外界的需求、对潜意识的需求，以及对意识的需求。在很多情况下，意识会作为"警察"，对追求享乐和冲动的潜意识进行约束，同时，自我会通过信念，对两者进行调节。人永远也无法摆脱绝对意义上的自我，但是人可以掌握并控制自我，调和理性和非理性的想法。

换言之，当交易者观察市场时，他们会通过"太阳镜"去感知市场，这会左右他们对市场的看法。交易者的"太阳镜"由多种要素构成，包括自身的信念、对市场的信念、对过往经历的思考和欲望。为了保持持续盈利，交易者需要摘下"太阳镜"。

交易者的外部世界是市场，市场是不可控的；交易的潜意识的想法和欲望深植于潜意识深处，也是不可控的。另外，潜意识无法区分出真实经历与想象之间的差异。因此，潜意识不可控，且容易受到强烈的影响，这一点需要牢记。意识赋予人决策的能力，让人能够进行理性并富有逻辑的思考。换言之，如果不是因为受到意识的理性控制，大脑会经常产生冲动的非理性想法，这些想法可能会导致人做出冲动的行为。我们可以通过意识，认识到潜意识冲动和非理性的一面，并通过控制这些想法进而控制自身行为。

大多数人认为自我中心者傲慢、自负或自我本位，这是因为"自我膨胀"的人无法正确地平衡三类需求。因此，自我中心者总是以为自己就是宇宙中心，很少考虑他人。

自我中心的交易者无法正确地感知市场，因此他们总是亏损。他们无法正确感知外界的原因在于，他们的潜意识和意识扭曲了他们对市场现实的认知。交易者的主要任务就是保持公正客观的态度，做出冷静的、非冲动的决策。自我中心的交易者的自我会影响其理性的意识，进而降低其正确感知市场的能力。在通常情况下，交易新手都会任由意识专注于那些消极的信念、价值观和品格，从而使潜意识产生更多消极的想法。

无论市场表现如何，人们对自己的期许都是成为成功的交易者。任何一位交易者都想成为自己、朋友、家人和专业机构眼中成功的交易者。

无一例外，每位优秀的交易者都会通过艰苦努力的工作，去控制意识。要想成为优秀的交易者，必须达到这样一个境界：要能够感知真实的市场，因为市场并不是人们意识或潜意识中所想象的那样！自我会欺骗你，让你以为自己并没有以自我为中心。事实上，过度膨胀的自我是交易者面临的最大威胁。

问问那些成功的运动员、科学家、交易者、商业领袖或者销售员，掌控自我、约束潜意识对于成功有多重要。他们每个人都会告诉你这绝对是必要的。

你必须努力去掌控自我和潜意识。要实现这个目标，除了努力工作和持之以恒外，别无他法。无论你的年龄大小，经验丰富与否，不受约束的意识一定会阻止你感知真实的市场。如果你无法看清市场的真实状况，你就无法盈利。事实上，人们掌控意识的能力和从交易中盈利的能力存在着直接关系。

自我中心的交易者通常会按很短的时间周期（以非常短视的方式）定义什么是"赢家"。换言之，他们坚持认为每笔交易都应该是盈利的，或者说成功交易者应该整天或整周都盈利。而专业交易者的看法则不同，他们通常会基于更为长期的视角，进行更为长期的交易。更为长期的视角和交易系统，能够让专业人士更为有效地处理自我与信念之间的关系。因此，不是每笔交易都必须盈利，事实上，交易亏损是意料之中的事。

交易者的失败诱因就是，构建一个自我中心的信念体系，并基于目光短浅的见解定义什么是成功。成功交易者不会仅用某些特定交易的盈亏衡量成功，他们知道自己会面临多个持续数日、数周乃至数月的亏损周期。然而，他们相信自己最终会取得成功，因为他们知道自己没有用以自我为中心的方式进行交易。

绝大多数刚开始交易的人都会亏损。许多交易者会根据自己的实际盈利能力，或者自认为的盈利能力定义自己。换言之，这些人会根据市场的反馈验证自己的信念。一般来说，亏损会让人自认为失败，而盈利则会令人自认为出色。

如果交易者亏损，那么某些信念会让交易者着手摊低头寸成本。在这种情况下，这些信念会让交易者无法准确判断头寸的盈亏。因此，自我（极度害怕再次犯错）会迫使交易者相信只有摊低成本才是合乎逻辑的做法。由于持仓成本下降合乎心意，于是交易者对头寸亏损进行了合理化解释。这是一个有关信念的肤浅例子。这种信念认为每笔交易都必须盈利。有时摊低成本会起作用，但会让人远离真实市场。一切看上去不错，直到摊低成本最终甩出一记耳光，令交易者破产。成功的交易者都知道摊低头寸成本意味着交易资金的损耗乃至消耗殆尽。

你是否好奇过，为什么成功交易者在职业生涯早期，都曾经亏损大部分乃至全部的交易资金？答案是他们关于市场和交易的信念，让自己蒙受了巨大损失。这就是为什么有许多交易者买高卖低，也是为什么许多交易新手会坚持持有亏损的头寸，并期待未来能够赚回来。当交易盈利时，这些交易新手会迅速结算盈利，这样他们就不会把来之不易的盈利再亏回去。交易者对于亏损头寸的持有补仓，以及对于盈利头寸的过早了结，全在于他们自己的信念！在很多情况下，潜意识的冲动并不由意识所控制。交易者会因为信念，使理性的意识无法控制非理性的潜意识，从而无法保持客观的立场和观点。

当你发现自己在与趋势对抗的时候，要知道这是因为信念让人以为自己是对的，而市场是错的！当你发现自己"希望"市场复苏时，你就是在与市场作对。市场"以天下人为刍狗"，它对交易者的盈亏根本漠不关心，交易者只是在与自己竞争。为了成功，交易者需要控制自己的想法，改变教条式的信念。

"希望（hope）"是一个由四个字母组成的英文单词，自我用其束缚交易者

那么，如何才能从自我中心的交易者，转变成接受市场现状的交易者呢？为了实现转变，交易者需要明白自己的想法只是对外界、潜意识和意识的反应。掌握自我，意味着要塑造自身的品格、价值观和信念，同时还需要通过内在的信念和规则使意识有力地影响潜意识。

正直和自律是两种最为强大的品格，它们会帮助交易者平衡意识和潜意识的需求。正直让人能够坦诚面对自己，自律令人活在当下。当交易者能够活（交易）在当下时，就能准确地判断市场走向。如果交易者刚开始交易就盈利了，那么不受约束的自我会感觉良好；如果一开始交易者亏损了，不受约束的自我就会令人心头大乱，难以去做正确的

事情。

　　交易者应该有这样的直觉，那就是立刻从亏损的交易中脱身。然而，自我会制造出合理的假象，让交易者继续持有亏损的头寸。正确的做法应该是迅速退出交易，在损失进一步扩大之前承担损失。然而，由于短视，自我会阻止交易者放下骄傲（一种恶习），平掉头寸。自我会始终试图保持这份骄傲，而不在乎结果如何。

　　交易者认为自己是不会真正亏损的，除非自己认亏（难道只是浮亏这么简单吗）。这样的话听过很多遍吧？那只是他们的自我安慰。自我让他们一直持有亏损的头寸，等待市场出现反转，以证明自己是正确的，而市场是错误的。交易者由于这个原因亏损的金额，你知道有多么巨大吗？不认亏就不会亏的逻辑是错的，浮亏也是真实的亏损。请你扪心自问："如果我真的认为这些只是浮亏，那么为什么当价格下跌时，我会变得如此难过、愤怒和失望？如果不认亏就不是真的亏损，那么在结算盈利之前，浮盈也不能算是真正的盈利吧？那么为什么片刻的盈利，会令人感觉如此之好呢？"所有的成功交易者都会问这样一个基本问题："我的交易究竟是盈利还是亏损的？"只有交易新手才会让亏损不断累加。

　　当交易盈利时，自我会让交易者快速结算盈利，这是因为自我会按每笔交易的结果定义成功。自我渴望事事正确，始终处于抗拒出错的状态。只有当交易者认识到自我扭曲现实的威力时，才能掌控自我。掌控的第一步是要意识到需要做出改变。

　　当交易者通过改变信念掌控自我后，就不会再害怕犯错，也不会渴望事事正确。此时，交易者不会去期待和祈求达成交易，也不会根据市场的表现或交易的表现评判自我价值。由于不受自我影响，交易者将活在当下,或处于"交易区间"。当交易者可以心无旁骛地进行交易时,就融入了市场,像专业的骑手与赛马合二为一一样。

成功的交易者会完全专注于当下所发生的事情,当下才是交易的全部。生活也是如此。未来可能发生的事情,或者过去曾经发生过的事情,均与当下毫不相干。交易者必须耐心等待市场的信号,所以交易者必须深入市场、跟随市场。那些试图解释价格波动的行为都是徒劳的,交易者的全部注意力应该集中在当下的价格走势上!自我会试图去解释发生过什么、正在发生什么,以及将来应该要发生什么。当自我与市场趋势一致时,交易者会认为理当如此,并且感觉大获成功,仿佛掌控了全世界。不幸的是,当自我出错时,它会把关于市场的错误信念合理化,并且让交易者逐渐淡忘这一切。所有这些都证明,交易者应当建立自己的交易日志,并记录自己的想法与推论。

请扪心自问:"一旦我了解了市场的内部运作规律,市场会不会变得理性且合乎逻辑呢?"很显然,几乎每个人都会回答"是"。这是预料之中的,因为自我希望如此。自我中心的交易者会自然而然地相信他们能够超然于市场,做出合乎逻辑和理性的判断。

而事实却是,持续准确地预测市场是不可能的,而这正是自我试图去做的事情。最好的交易方式是放松下来,让市场告诉你它现在是处于熊市还是牛市。而自我对于这种松弛下来,让市场自主运行的想法,会不断进行抵抗,它希望能够始终掌控局面。这与我们等待并跟进市场的做法截然相反。自我更愿意去预测可能会发生什么,而不是等待事件自然发生。

通常,自我会阻止意识相信我们亲眼所见的事实,并让我们相信那些自我认为应该会发生的事情!这就是为什么在被迫割肉退出之前,我们仍会紧紧地抓住令我们大幅亏损的商品价格走势图去看，并问自己为什么当初没看出来如此明显的走势。自我会在过去的基础上合理化当下，并将对未来的感知进行逻辑化。自我还可以将正在发生的事情从你的意识中抹去！为了防止自我欺骗自己，交易者必须对其进行约束，让意识只关注当下，因为我们关注什么就会看到什么。通过约束自我，让自己活在当下，不回顾过去，不预测未来，交易者就能够准确地观察到周遭正在发生的事情。当我们被约束在当下时，便能够顺应市场趋势。

　　一旦交易者开始盈利，自我便希望能够迅速获利。因此，交易者将增加交易合约的数量。一般来说，交易者最初会交易 1～2 张合约，在盈利之后，就会扩大交易规模，开始交易 10 张合约。不久，交易者就会亏损很多钱。交易者的自我倾向于坚持一个观点，即交易 1 手和 10 手是没有区别的。自我合理化了这样一个概念：直接交易 10 张合约，好于从交易 1～2 张合约慢慢往上递增。每个人的自我都会因规模的扩大而巩固——豪宅、豪车、大量银行存款等。随着事情的顺利进展，或欲望的增长，人们会自我感觉更加良好。交易者的自我会辩称，更多合约带来的额外风险微乎其微，可以忽略不计。但是切记，自我非常擅长合理化假设，并拒绝接受现实。在每次交易中，自我都让交易者相信自己已经占据了主动，且交易规模可以大幅增加。

　　自我厌恶痛苦的感觉。哪怕自我只是稍微感觉到些许痛苦，都会掉头就跑！自我会因为感到痛苦的概率增加而推迟行动。例如，如果交易者因为 1 手交易的亏损而感到沮丧，那么想象一下，如果他交易了 10 手，那该有多么的痛苦啊！除非交易者能掌控自我，不然痛苦将上百倍地反噬回来。自我对于痛苦的恐惧，将会拖延交易者的行动——为了摆脱这种痛苦，自我会通过拖延进行平衡，进而使交易者产生出恐惧。

不受控的自我会阻碍交易者迅速行动，造成拖延。如果交易者迅速承担亏损，会让自我被迫认错。优秀的交易者由于掌控了自我，所以能够毫不犹豫且毫不费力地退出亏损的交易。在你交易过10手或100手之前，必须确保自己能够承担起风险和亏损。学步的孩子若要学习跑步，需要循序渐进，不断加快速度，直到自己能够跑起来。同样，提升交易规模的最好方法，是循序渐进地增加合约数量。

自我中心的交易者特别喜欢通过抄底或逃顶向世人展示他们的能力。如果让自我随意发挥，那么它将自己决定市场是处于超买还是超卖，以及市场是否会出现反转。由于自我不想错过任何一次大幅波动，所以它会穷尽一切理由让交易者立即进场交易，它希望向世界展示出它的聪明才智。自我一门心思想要通过交易逆转市场方向，让市场追随自己的步伐。而事实却是交易者只能遵从市场的指引，因为市场不可能追随别人的步伐。

自我是交易者实现持续盈利的最大障碍。自我总想引领市场，它不愿追随市场。它还需要尽可能多的认可和赞美，而获得赞美的最好方法就是成功预测未来。因此，自我非常善于审视并合理化过往，以便预见未来。除非交易者花大力气控制自我，否则他们将很难关注当下。自我为了能够快速盈利，会不惜进行几笔亏损的交易。交易者可以问问自己，为什么要买入、持有或卖出一笔头寸，以此来确定是不是自我做了决策。这个答案是基于过去的市场走势，通过逻辑推演的，为了抵消当前的亏损，为避免盈利回吐，相信市场很快反转，还是仅仅是因为交易者相信自己是正确的？如果是这样，那么可以说就是自我做了交易者的主。

人的理性只有在两种情况下能战胜自我。一种情况是交易已经结束，如昨天的收盘数据是固定的；另一种是新的交易日刚刚开始。如果前一个交易时段的价格（如昨天的收盘价）高于当前价格，而你持有多头头寸，那么你就是亏损的；如果你持有空头头寸，那么你就是盈利的。换句话说，自我无法对既定事实进行否认，但是自我总会尽力阻止交易者对市场变化果断做出反应。

自我是一种自我意识，平衡人的意识和潜意识。人的想法由信念和价值观决定，人可以通过自律和正直这两种强大的品格控制自我。另外，还有一种方法可以控制人的想法，那就是改变信念。当人们把自律和正直与信念进行结合，就能够加快控制自我的速度。为什么要接受新的信念或者改变现有的信念呢？因为如果不这样做，人们将永远无法成为能够持续盈利的交易者。

如前所述，自我会不断平衡三种力量。第一是人的意识，意识会产生理性的、非情绪化的和情绪化的想法。第二是人的潜意识，潜意识也会产生想法和欲望。第三是外界对人的影响，外部事件有些可控，有些不可控。这些外部事件可能会对人的身心产生重大影响。

人的潜意识会相信人为想象出来的事件，仿佛这些事件真的发生过一样。潜意识无法区分真实发生的和想象中的事件之间的区别。如果某个事件被想象出来，并且伴随着足够大的情绪强度，那么潜意识就可能会永久记住这个事件。同样，如果某个事件的情绪强度不足，但被反复想象过多次，那么这个事件也可能被人们永久记住。人越是积极调动感官去想象一个事件，这个事件就会显得越发真实；随着情绪强度不断提升，这个事件对潜意识的影响也会越大。尽管人的意识能被信念控制，但潜意识是绝对不受控制的，因为潜意识感知的是意识无法感知的事物。

人的潜意识能够清晰捕捉到外部事件（外界）及意识。例如，在20世纪60年代，汽车影院的银幕上会闪现出"吃爆米花"和"喝可乐"这两个词。人的潜意识能够捕捉到这个信息（潜意识信息），意识却不能。在很多方面，人的潜意识和意识会将信息进行双向过滤。潜意识塑造了意识，意识也影响着潜意识。潜意识会不断地去满足某些需求，人们可以通过意识思维去影响潜意识，这样便可以提高创造力和直觉思维的水平。

人要掌控自我，实际上就是要掌控自己的意识和潜意识，以及对外界的感知。要想掌控大脑，人们必须改变信念。优秀的交易者都知道，如果在交易中能够不做主观判断，便掌控了自我。简言之，尽管不自知，但他们已身处"交易区间"。

在很多体育比赛中，参赛者完全无心于周边环境，也无暇关注自己。例如，摩托车的赛车手丝毫不关注周遭环境，只专注于当下。他们对4号弯道发生的事故毫不在意，也无暇分心去想晚上的庆功宴会有多么奢华。参赛者只关注当下，所以他们不会感到恐惧。在赛后接受采访时，他们会说自己在场上的时候人车合一了。简言之，他们身处"区间"中。同样，很多成功的交易者也会告诉你，他们最赚钱的日子都是他们身处"交易区间"的时候。换言之，身处"交易区间"的交易者都全身心投入市场，而对其他一切置之不理。交易者身处"交易区间"的时候，没有自我，不进行意识思考，只接受市场现实。

信念的力量

信念决定了人在生活中最看重什么、赖以生存的性格特征和最终命运。每个人都拥有很多信念，对于爱、成功、失败、幸福、愤怒、怨恨、贡献、抚养孩子等都抱持信念——简而言之，信念关乎每种可能的情绪或行为。交易者则对于背离、双底、移动平均线上升、成交量增加、涨跌比、锤子线等概念抱有信念。信念是意识对感知到的事件进行的解释。信念是一种感觉，是一件事或一种感觉带给人们的确定感。信念存在于人的意识和潜意识中，其影响毋庸置疑。

当人处于幼年的时候，信念来自榜样，尤其是父母。人会接受父母对不同事件的看法，关爱、悲伤、幽默的信念会首先浮现在人们的头脑中。那时，父母是人们唯一的参照。人在进入学校以后，会突然出现更多的榜样（老师或同龄人），这些参照会让人产生更多的信念。在逐渐成熟的阶段，人会经历很多事情，这些经历会带来痛苦和快乐。人们会去寻找这些经历的原因和过往。然后，大脑会评估这些经历是否满足人们的四个主要需求，具体如下。

- 对确定性的需求。
- 对多样性的需求。
- 对重要性的需求。
- 对关联性的需求。

人会基于这些参照形成新的信念，并将这些信念融入意识和潜意识。例如，人在约会时会发现接吻令人身心愉悦。大脑在体验这种愉悦后，会开始寻找与这种愉悦相联结的经历，然后发现最近与这种愉悦有关的经历就是接吻。于是，大脑会得出结论，接吻是愉悦的原因。然后，大脑会去确认，接吻是否能让人一直获得这种愉悦。在确认了接吻能够产生愉悦之后，大脑会评估接吻是否满足四个主要需求，以此判断接吻产生愉悦的有效性——如果满足了这些需求，大脑就会断定接吻是一种令人愉悦的行为，换言之，如果每次接吻都是愉悦的，就满足了确定性的需求；如果接吻的方式繁多，就满足了多样性的需求；如果接吻让人感觉到自己对他人的重要性，就满足了重要性的需求；如果在亲吻对方的过程中，人体验到了与他人关联的感觉，那么就满足了关联性的需求。既然这四种需求都得到了满足，大脑便会相信接吻是令人愉悦的。同时，大脑也会通过信念建立规则。比如，亲吻狗是不愉快的，与有口臭的人接吻是不愉快的，等等。

这就是每个人都相信接吻会带来愉悦的原因。同样，我们在接吻时，会把愉悦与对方的脸联系起来。因此，每当我们看到那个人（假设没有和他／她争吵过），我们都会把愉悦和他／她的脸联系起来。之所以能够产生这种联系，是因为大脑确信亲吻是愉悦的，亲吻的方式多种多样，亲吻能够让人感受到自身的重要性，并且能够与他人产生联结。

当然，在一个人的信念体系中，某个人的脸也可能会是痛苦的根源。就拿我的爱人举例吧。假设我的爱人对同事帕特一贯刻薄，帕特很快就会相信我的爱人会带来痛苦。这是因为只要帕特一看到她，痛苦就随之而来。如果帕特受到了某个人的羞辱，那么在看到这个人的脸之后，帕特的大脑就会把痛苦与这张脸联系起来。帕特的大脑完全有理由相信，这个人的脸会带来痛苦。这与我们上一段所表达的信念正好相反！

请允许我问个问题。如果每次通过电话得知朋友过世的消息，都发生在晚上 11 点以后，你会不会觉得晚上 11 点以后打来的电话都会带来坏消息呢？为什么？当人们改变原有的信念并创造新的信念时，大脑创造信念的方式至关重要。这就是为什么有些交易者在市场下行时会感到痛苦，而有些交易者则会喜悦期待。最终，当交易新手的亏损越来越大时，他们会形成这样一种信念，认为自己使用的方法是造成亏损的罪魁祸首。然后，他们会购买计算机交易程序，希望能找到一款"不产生痛苦"的程序。当然，实际上是他们的信念产生了痛苦，这种痛苦是他们自己造成的！

信念的一个有趣之处在于，当我们经历新的事件时，我们的身体或情感状态会强烈地影响我们对这个事件的感知，也影响我们基于该事件形成的信念。

市场之所以会给交易者造成巨大的痛苦，是因为交易者对自己和市场的信念受到了质疑。大脑要不断地满足四个主要需求。交易新手秉持着这样一种信念，一旦理解市场，便可以对其进行预测，由此满足对确定性的需求。大多数新手都是通过"成为交易者"满足重要性需求的。因此，市场之所以会给交易新手造成巨大的痛苦，是由于交易新手对确定性和重要性抱有错误信念。市场是绝对不可预测的，也永远不会提供所谓的确定性，确定性只能来自交易者自己。市场可以提供多种交易方式，满足交易者对多样性的需求，但市场永远不会满足其对重要性与关联性的需求。因此，市场只能满足四个主要需求中的一个。这就是为什么交易者必须认识到信念的力量，并且改变信念，让信念为其服务。

人有四种信念。第一种信念是观点。人会把观点与低水平的情绪强度进行联结，以此确定自己是否正确，但不保证自己绝对正确。人们会讨论观点的有效性，但不会因此情绪激动。第二种信念是通常所说的信念。人把中低水平的情绪强度与信念进行联结。与观点不同，人们确信信念的正确性。如果信念的正确性遭到挑战，人们往往会感到生气。第三种信念是坚信。坚信与高水平的情绪强度相联结，人们确信坚信的正确性，如果坚信受到质疑，人便会立刻感到愤怒，并摆出防御的架势。

第四种信念是规则。人用规则来判定品格、恶习和情感是否得到满足，规则与最高水平的情绪强度相联结。人们绝对确信规则的正确性，如果规则受到质疑，人会感到极度不安。关于信念最重要的一点是，信念可以提供正能量，也可以提供负能量。

信念会动态地影响人的潜意识和直觉。同样，信念也会影响人在日常生活中的性格特征。诚信、自信、自律、勇敢、执着、灵活、正直与诚实都是人在日常生活中的性格特征。信念会决定人如何与自己和他人进行交流，信念也决定了人用爱和尊重对待他人，还是用愤怒和敌意对待他人。信念影响人的身体动作（包括姿势、呼吸、笑声等）。最重要的是，信念决定人们如何感知并且获得新的信息。因此，人的行为是由信念决定的，是一种表达情感和信念的方式。交易者对市场和生活的信念，决定了交易者的行为，以及交易者与市场互动的方式。

信念决定了人们最重视什么。人的价值观是人们秉持的情感感知，贯穿人们生活的方方面面。人们希望每天都能够体验自己偏好的情感感知。人们偏好的情感感知包括爱、幸福、健康、激情、智慧、重要性、成功、贡献、自由、感激与成就，所有这些都让生活变得丰富。当然，人也会有不想经历的情感感知，人们想要"远离"包括愤怒、失败、失望、孤独、仇恨、绝望、怨恨和其他负面情绪。

很多时候，当被问到最重视什么的时候，人们会回答自己最看重的工具。人们认为自己最看重的是意识或潜意识用来感知人们实际上最重视的事物的工具。换言之，大脑使用工具获得自己想要的东西，正是信念决定了人们用什么样的工具实现自己的价值和需求。

工具是用来实现价值和需求的东西

例如，找四个人问一下他们最看重的是什么，他们可能会回答："我的奔驰汽车和房子。""战胜对手的能力。""我给予他人爱和同情的能力。""我对市场超凡脱俗的洞察力。"根据他们的信念可知，他们所重视的其实是相同的情感感知。你猜猜是什么？

第一个人提到了她的奔驰汽车和房子。事实上，物质财富满足了她关于重要性的情感感知，她通过物质财富感受自己的重要性。第二个人通过对他人（或自己）使用暴力满足对重要性的需求。第三个人通过同情和爱来满足重要性需求。第四个人用非凡的技能和知识来满足重要性需求。每个人看重的其实都是重要性需求，然而所有人都在使用不同的工具来实现这种情感感知。这个例子的目的是要说明，要完成你最重视的事情，你需要意识到自身行为背后的原因。交易者都很重视自己的独特交易方法。那么不妨问一下自己，交易方法是不是也是一种代替其他事物的工具呢。

我们在日常生活中经常使用的工具包括：掌控他人或事件、持续思考或做某事、信仰（通常是宗教的一部分）、酒精（通常是滥用）、毒品（通常是滥用）、食品、换工作、搬家、诋毁、暴力、物质财富、学位、贡献、关心、同情、帮派、性，以及加入团队等。

交易者使用的工具包括计算机和相关的计算机交易程序，以此对交易方法进行优化。另外，还有三种不同形式的分析，包括心理分析、基本面分析和技术分析。使用工具来实现价值是徒劳的，因为人们会错误地把工具当成真实的需求，而人们真正追求的是其他事物。

无论是交易新手还是资深交易者，都非常重视确定性。然而，绝大多数交易新手都陷入了这样一个陷阱：他们相信使用计算机（一种工具）和购买昂贵的计算机交易程序（另一种工具），就能够实现自己对确定性的需求。一些交易者会尽可能多地与其他交易者（一种工具）进行交流，还有一些交易者（大多数为专业人士）则会专注自己的心理，控制自己的情绪状态，并朝确定的方向努力。这些交易者知道他们会无所畏惧、毫不犹豫地为利益最大化行事。他们的工具是内心的信念和规则。

有趣的事是，潜意识也会影响人的性格特征、行为，以及为了完成最重视的事情所使用的工具。人的身心和精神等各个方面都会受到信念的影响。信念的最终目标是获得确定性、多样性、重要性、爱的关联、成长和奉献感，以及你生命中最珍惜的东西。

改变信念

请记住，信念只是人对不同事件确定性的感知。信念存在于人的意识和潜意识中，通常不会遭到质疑。信念来源于人的生活经验、参照，以及人对事件的感知。人的感知又受到信念和身心状态的影响。

为了改变信念，人们需要更深入地认识参照。参照可以是个人经历过的真实事件或想象事件，也可以来自他人（如榜样）。人的一生会经历许多不同的事件，大脑会以积极或消极的方式对参照进行解释。但是在通常情况下，大脑会以消极的方式解释这些事件。

改变信念的第一步，是以积极的方式感知生活，并依此做出决定，改变原有的信念。大脑会对经历进行解释，并赋予其意义。信念、价值观和期望，都会影响人的感知。

对比是一种用积极的方式解释新事件的工具——通过将新体验与不理想的旧体验进行对比，改变人的感知，进而创造出一个强大的信念。

例如，如果在交易者止损之后，市场发生了反转——假如交易者没有止损，那么市场反转会使其盈利，这时可以通过对比将消极的体验转变为不那么消极的，甚至是积极的体验。交易者将本次止损产生的小幅亏损，与其他交易者（作为参照）或自己某次未止损导致的大幅亏损进行对比，感受可能就会完全不同。

第二步是获得更多的参照。交易者要获得新的自身参照会花费许多资金，这就是其要将其他交易者作为参照的原因。获得更多的参照之后，便会有更多的选择，人们实现愿望的信念就会增强。人们也可以通过重新审视自己的生活经历，来获得更多的参照。通常，一次痛苦的经历都会伴随经验教训。当回忆起这次经历时，人便会回忆起当时的痛苦（心理或生理上的）。在这种情况下，人是很难从中学习和成长的。但是，如果人们能在生理状态达到巅峰时回忆这段经历，通过提出问题改变注意力，那么人们对事件的感知就会发生显著变化，从而让自己能够有所提高。

比如，你在几个月前做多生猪，却连续遭遇五天跌停，那么你可能经受了巨大的痛苦。如果你像往常一样回忆那次经历，你是很难从中进行学习和提高的。然而，通过改变生理状态让生理状态处于巅峰，然后再回忆这件事，问自己几个积极的问题，你就有可能获得一个崭新而积极的视角。如何改变生理状态呢？很简单！想要让自己变得更加自信，只需要问自己一个问题："我是否曾经有一次能够胜任所有的任务？是否有一次对自己的能力充满信心？"然后，你可以回忆当时的经历，并记住当时的五官感觉。你当时看到了什么、听到了什么、感觉到了什么、触摸到了什么、闻到了什么？最后，使用同样的方式呼吸、运动和说话，达到当时的生理状态。这样，你就处于自信时的生理状态。假如你从未有过这种感觉，该怎么办？如果你从未体验过，那么就去找一个好的榜样，学习那个人的生理状态，如艾伦·格林斯潘。当他上台时，他会表现出疑惑的神态吗？当然不会，他对自己的成就确信无疑。

现在你已经处于自信的生理状态，接下来提一些问题，帮助自己以不同的方式进行感知。对于市场跌停，你可能会问："市场是否在提供一些被我忽略掉的信息？我该如何看待市场，在跌停之前平掉多头头寸吗？我能不能在不同的市场中进行对冲？我的表现如何？这次经历能带来什么宝贵的教训吗？如何才能降低未来被跌停套牢的总体风险？"问这些问题的目的是改变你对这件事的看法，让你从中学到有价值的东西。你的痛苦或将持续，然而从经验中学习到有价值的东西，可以减轻痛苦。

人在巅峰状态下再次经历一遍过去的事件，感知力会提高。我们常会发现，当初被忽视的金砖其实就在脚下。人也可以通过想象获得更多的参照。想象力比意志力要强大十倍，运用想象力可以为大脑提供清晰的视角，提高确定性。参照的要义在于人们获得的积极信息越多，便越能够对参照进行有效评价。人的评价过程越完善，决策的质量就会越高。此外，在获得更多的参照后，人们会生活得更好，被正能量包围。

改变信念的第三步是改变生理状态，也就是改变感知信息的能力。人的生理状态对情绪有重大影响。比赛胜利者永远不会以糟糕的生理状态（微弱的呼吸、糟糕的姿势、松垮的肩膀等）走进胜者圈。同样，没有任何一个刚被解雇的人在走出大楼时，会表现出一副好像刚刚赢了100万美元的样子。失败者和胜利者的生理状态完全相反。生理状态决定了人体获得氧气和血液循环的能力。生理状态不好的人是无法保持身体健康的，其用来感知信息的心理能力和情绪状态也会受到影响。这就是恶性循环：情绪状态不断恶化，生理状态随之受到影响，如此往复。

改变生理状态，就能改变感知能力。生理状态和感知能力改变之后，情绪状态也会开始改变，积极的情绪状态能够让人感知到更多的信息。随着感知能力的不断增强，人们可以开始审视那些构成信念的参照，然后提出好问题。随着基础信念发生变化，人们的认知也将改变。很快，人们会开始质疑参照的有效性。

改变信念的第四步，是改变对参照的感知。人们可以通过询问一些探索性问题，增加自己的智慧，进而改变感知能力。这些问题会改变人的关注点，影响人的感受和想法。由于大脑会忘掉绝大部分的经历，提问会帮助人们意识到有哪些经历已经或者正在被忘掉。当基于参照的感知发生变化时，人就会形成新的信念，并开始质疑先前的感知。

第五步也是最后一步，即确认这些新的信念是有效的。这种判断力是少数人拥有的能力。

例如，以某位交易新手为例。这位交易新手认为只要投入5000美元的交易本金，再购买3000美元的计算机和4000美元的计算机交易程序，就能赚到几百万美元。他可以通过分析参照改变这种信念（假如他愿意）。假设他有两种参照：一种是阅读几位用1万美元赚到100万美元的交易者的资料，另一种是浏览交易杂志上的各种广告。这位交易者先把自己的身心调整到巅峰状态，再开始审视这些参照。通过提出好问题，他可以验证先前的信念，也可以提出质疑，并创造出一种新的信念，改变关注点。通常，他会认识到大脑正在忘掉哪些经历，从而获得更多关于自身的信息。

这位交易者可能会问到这样一些问题："这些用1万美元赚到100万美元的交易者，拥有多少年的交易经验？他们做过多少次交易？如果赚钱这么简单，为什么这样的事并不常见呢？在取得成功之前，这些人换过多少种交易方法？如果仅靠一台运行微软系统的价值3000美元的计算机就能赚到几百万美元，为什么大型对冲基金需要建立价值30 000美元的工作站？如果一个每月花费300美元的数据源就能让人赚到几百万美元，为什么顶级的交易顾问（CTA）每个月要花费数千美元去获得数据源呢？我到底错过了哪些信息？10年后，如果我重新审视这个问题，我会发现什么新的信息？哪些信念能够提供正能量？哪些信念能让我发现更多的信息？"

以上只是一部分问题，但这些已经足以让这位交易新手发现先前信念的谬误。当交易者回答这些问题时，他会认识到自己的旧信念并没有反映现实，他必须当即做出判断。旧信念是错的，他需要创造出新的、更准确地反映现实的信念。

另一位交易新手相信自己最终一定会成功。作为新手，她没有过往的交易参照，她对于交易的认知全部来自其他交易者的参照。她通过阅读书籍、观看视频和参加研讨会，形成了自己的信念。为了能够形成关于市场的有效信念，她需要提出好问题，并且谨慎地选择那些能够稳定盈利的交易者作为参照。她还需要将这些参照内化为自己的经验，这样才能形成属于自己的信念。

这位交易新手可能会提出这样的问题："成功的交易者使用相同的交易方法吗？如果是，是哪种方法？如果不是，这些成功的交易者之间有哪些共同点？如果绝大多数交易新手都亏损，那么他们在关注什么、在学习哪些材料？绝大多数交易新手会在心理上忽略掉哪些交易信息？我为什么要进行交易？我想通过交易实现什么价值？这些价值能够不通过交易实现吗？如果我能向全世界最优秀的交易者（健在或去世的）请教，我会问哪些问题，得到什么答案？我能从优秀的交易者身上获得哪些参照？"

大多数大宗商品交易者的平均活跃期是 6 个月。他们会亏损大笔资金，直至厌恶并放弃交易。换言之，这些人会花 6 个月的时间形成消极的信念，最后放弃进入市场的初心和信念。在之后的日子里，他们还会把自己所谓的"战斗经历"告诉朋友和家人。绝大多数的交易者都是普通人，无法控制自我和信念。无论是交易还是生活，人们都知道该做什么，但就是无法坚持到底。请谨记，是信念导致了迟疑。这种迟疑常常是信念本身存在的冲突导致的。当自律缺位时，迟疑就会出现。一旦你发现信念控制着力量，那么意识就会帮助你逐步克服这种力量。自我在被掌控之前，会以一种自负的方式展现出来——就像一个以自我为中心的孩子一样。自我总是要求即时满足，如果即时满足被延迟，即使后续会获得更多，自我也会非常不满。

本书还会提到其他品格和信念，以及它们的重要意义。当你读到这些内容的时候，请谨记它们会帮助你创造出更多积极的信念。自律或许是掌控心智的最佳品格。当你认识到，大脑会如何在生活和交易中制造出大量问题时，你将致力于创造出有效的、高效的和积极的规则，以控制自己的大脑。随着你对品格的理解不断加深，你会发现交易者身上最大的恶习是源自无效信念的利己主义，其他的典型恶习还包括愤怒、怨恨、贪婪、怀疑和恐惧。当你开始使用有效信念进行交易后，你会发现"战斗"变得轻松多了。当你掌控了自我，并且搭建起信念架构，你就会看到、听到和感觉到市场发出的信号。

瑜伽和冥想是有益于控制自我的工具。我会练习坐禅、瑜伽和围棋，这三种运动的自律性都有助于强化自我的有益部分，消除无益部分。随着自我约束能力不断提升，人们的财富也会持续增加。自我约束永无止境。

如果你无法掌控自我和信念，即使有几笔交易成功了，也不过是建在沙滩上的城堡。

| 第 3 章 |

信仰：优秀交易者的成功基石

对我而言，将真理作为信念，是把品格付诸行动的最佳方法。这样做能让我最大限度地发挥潜能。

——安德烈·吉德

人如所思。

——《圣经》

你一定在想:"嚯,我读过很多交易书籍,里面可从没提到过信仰。"人们所取得的成就都基于朴素的真理。静下心来想一想,人们做每件事都建立在信仰之上。这种信仰就是人们拥有能够实现目标的能力,信仰是人们付出一切努力的基础。大多数人一提到信仰就会想到宗教,这是因为宗教要求信徒拥有信仰。信仰是精神信念的组成部分,一个没有信仰的宗教就不能被称为宗教。信仰也是每个人不可分割的一部分。交易者的信仰越坚定,就越容易实现目标。信仰或许是人类信念的最高形式——信仰是一种坚信。

信仰对于现代社会来说是不可或缺的,如果没有信仰,文明将不复存在!假如你开车上班,而其他人都在疯狂驾驶,那么你对顺利到达工作单位的信心,或者说确定性,就会下降!如果大家都闯红灯、逆行,甚至有人倒着开车,那么确定性就会彻底消失。

为了能够正常开车上班,就必须明确每个人都要遵守交通法规。如果不这样,交通将会异常拥堵,直至崩溃。换言之,司机必须达成共识,那就是今天的交通规则必须和昨天的一样。这一点能用在交易当中吗?

再举一个例子。你对某件事情充满热忱,但始终不得要领。这件事可能是在法庭上辩论、做一台手术,也可能是打高尔夫球或者滑雪。最终,你通过反复练习掌握了要领。你还记得那些让自己迈出第一步去努力练习的信念吗?

这些信念当中包括信仰吗?当然包括!如果人们不相信自己能够学会滑雪,他们怎么敢从光滑的雪坡上面滑下去呢?再问一次,这一点能用在交易当中吗?

业余选手和专业选手之间有哪些区别呢?专业选手拥有哪些业余选

手不具备的信念？

我认为，其中一个重要的区别是信仰的层次。和业余选手相比，专业选手对于能够取得优异成绩这件事抱有更坚定的信仰。因此，专业选手能够承受强度更大的训练，忍受更多身心层面的痛苦和磨炼。而缺乏信仰的人无法克服这些困难，他们会向挑战低头，永远无法实现目标。

正如汉尼拔所说："要么找到办法，要么创造办法。"他的信仰层次非常高。杰出的领导者都坚信能够实现目标，他们确信结果会符合预期。可能一开始并不清楚要如何做，但他们相信自己一定能够实现目标。托马斯·爱迪生通过一万多次实验，发明出白炽灯。他相信自己一定能找到制造白炽灯的方法，他还相信每次没成功发光的实验都有价值。尽管不是全部结果都能尽如人意，但他认为每次失败的实验都让自己获得了宝贵经验。

另外一个例子和飞行员有关。飞行员在飞机起飞之后，确信自己会到达预定目的地。他相信他和团队接受的训练和程序，能够实现这一目标。你觉得飞行员多久会调整一次自动驾驶仪的航向呢？答案是无论天气如何，因为信仰，飞行员的航向都是不变的。

交易也一样。优秀的交易者总是坚信无论市场如何变化，他们都能实现目标。优秀的交易者能够预测价格走势吗？当然不能，他们怎么会有这种本事呢。但是他们相信凭借自己的方法和信仰，最终能够实现目标。那么如何实现目标呢？他们知道自己苦心研究出来的方法会因为市场波动或者政治动荡等原因，偶尔产生亏损，但即便如此，他们仍然坚信自己最终能够盈利。

假设你是一位跟踪 IBM 的股票交易者，你怎么知道 IBM 的价格会出现明显的思维连续性？这很简单，思维连续性出现在价格直线上涨或下跌时，也就是有趋势的走势中。而在市场出现震荡或者横盘时，是没有思维连续性的。

思维连续性的概念很简单。当大多数交易者达成共识时，市场将形成趋势。这时，市场（或大多数交易者）的思维连续性会使趋势得以延续。换言之，如果大多数交易者相信目前的价格很便宜，并且未来价格会走高，那么他们会坚持这一观点，直到某个事件改变持续看涨的预期。

当特定市场的交易者表现出一定程度的思维连续性时，盈利将变得更加容易。在这种情况下，与缺乏信仰的交易者相比，那些对交易方法充满信仰的交易者会获得更多的盈利。

如何在交易当中创造信仰和确定性？首先你需要明白信仰的重要性。是否拥有信仰决定着一个人最终能否实现目标。信仰是人的一种信念，只有自己才能创造出属于自己的信仰和确定性。我无法给你信仰，别人也不能，信仰只能由你自己去创造。

当你相信自己最终会实现目标时，你就迈出了第一步。当你认识到信仰是如此重要，会贯穿生活时，你就是在强化自己的信念。你需要认识到信仰在学习新事物方面的重要性，以及它是如何指导实践的。信仰和确定性都属于信念，和肌肉一样，越用越强大。

如前所述，人可以改变既有信念，也可以形成新的信念，以此赋予自己正能量。这种方法同样适用于信仰。第一步是使身心达到巅峰状态。在思考信仰的时候，有没有榜样出现在你的脑海中？你觉得这些人的信仰为何如此强大？他们的身心状态能否持续？你能想象出他们自己的参照吗？第二步，在保持身心状态的同时，重新审视自己的参照。当你回忆过去的信仰时，你都运用了哪些参照？你会提出哪些问题扩展自己的关注面？这些问题可以改变和延伸你对信仰的理解。

当人拥有信仰时，就能消除全部疑虑。因为拥有信仰的人，也保有确定性。怀疑是确定的反面，也是一种恶习，它会让交易者对市场和交易方法进行过度分析。确定性可以消除疑虑，创造价值。这听上去很简单，事实也的确如此。但是，创造确定性是需要信仰的。

交易者必须相信自己的能力，确信交易方法最终能够使其实现目标。也许当前你还不清楚该如何实现目标，但你必须确信自己能够获得成功。最重要的是，通过不断强化信仰，交易者的能力也会持续提升，从而确保其最终能实现目标。

换言之，飞行员无论途中遇到什么样的障碍，都会对到达预定目的地抱持信仰和确定性。他们也许不得不绕开风暴飞行，但最终会安全着陆。交易者要像飞行员一样，拥有坚定不移的确定性。

信仰孕育了自信和确定性，它与怀疑和不确定性做斗争。怀疑和不确定性会产生恐惧、失望和犹豫。信仰会帮助交易者克服四种障碍。第一种障碍是交易者的大脑。大脑中保存着信仰和价值观，这是交易者力所不能及的地方。信仰能够克服一切限制性的价值观和信念。第二种障碍是基本面分析。无论交易能力是强是弱，人们总是缺乏对市场基本面的了解。第三种障碍是技术分析。与基本面分析一样，无论交易者自身能力如何，总会有更有效的分析市场的技术分析方法。第四种障碍是市场本身。市场是不可预测的，有着无穷无尽的变化。有信仰的交易者能够克服所有这些障碍。

交易者建立信仰的目的是清晰的，那就是要克服所有障碍，最终实现大幅盈利。盈利不是问题，问题在于你何时能够开始盈利。正是信仰，以及对自己和交易能力的确定性，让交易者能够进行学习和研究，并将学到的内容应用于交易。你已经拥有了很多信念，包括信仰和确定性，你需要把它们用在交易当中。

信仰是一切品格的基石，对交易者的成功来说是不可或缺的。优秀的交易者会拥有许多信念，包括：①市场是不可预测的；②自己的交易方法是有效的；③即使方法有效，也有可能亏损；④由于市场效率低下和缺乏思维连续性，也可能会亏损，但每一次亏损和盈利都包含着有价值的信息。最重要的是，他们之所以能够成功是因为他们坚信，自己是优秀的交易者。

值得注意的是，如果确定性是由自我产生出来的，那就是一种恶习。例如，有一天你突然间相信，猪肚的价格会在几个月内出现上涨。这种由自我产生出来的确定性是一种恶习。要确认这一点，就要搞清楚这种确信是不是基于他人的行为。如果确定性基于自己的行为，那么它就是建立在信仰上的强大品格，否则便是恶习。

随着交易者在交易能力和确定性方面的不断提升，自我的空间将会不断缩小，信仰最终会消除怀疑。

第 4 章
成功需要信心

持续性和纪律是关键所在。所有人都能写出八九不离十的规则清单，但在艰难时刻，这些清单无法给人们信心去遵守这些规则。

——理查德·丹尼斯

有两件事至关重要：第一，必须有信心；第二，愿意试错。这没有什么不对的。

——布鲁斯·科夫纳

信心是优秀交易者必备的一种品格。信心是一种源于信仰的信念。信仰建立在确信的基础上，即相信目标一定会实现。优秀的交易者相信他们会随着时间的推移实现盈利，并且他们的方法长期有效。这让他们充满信心。他们的信心来自对参照的研究。这些交易者在拥有必胜的信仰之后，获得了信心。当然，信仰和信心之间有微妙的联系，也有显著的区别。

当交易者拥有信仰时，他们的信心水平就会显著提高。然后，他们会完善交易方法，直至盈利。他们的自信来源于自身和他人的参照。

许多交易新手对计算机交易程序或时事通信抱有信仰。这种信仰让他们充满信心，这种信心建立在计算机交易程序或时事通信的有效性上，而这些取决于销售部门的推销能力。这种信心依赖的不是交易者自己的交易能力，而是广告商的文案能力。这种基于自我的信心让他们相信，这些计算机交易程序或时事通信物有所值。当他们接到券商的保证金通知，或者看到账户资金已经下跌了50%的时候，这种信心就会破灭。因为，这种基于广告文案的信心，被市场现实否定了。由于信念被质疑，交易者随之便会产生负面情绪。广告通过提供所谓的有效参照，让人相信确定性的信念是有效的。然而，正如上一章所说，如果确定性基于他人的行为，那么这种确定性很可能是自我产生的。

一些交易新手发现时事通信和计算机交易程序存在的谬误，所以他们决定购买一套能够自己编程的软件。现在你应该看得很清楚，是自我让他们相信他们可以通过自己编程在6个月内飞黄腾达。因为"只有"他们自己才具备独立编程的能力！再重复一次，他们的信心来源于自我产生的确定性。

但是，当计算机交易程序崩溃，交易新手不得不转入更多的钱以维持账户运转时，这种信心就会随之破灭。

交易者需要建立信仰，才能获得真正的信心。由自我产生的信心是虚假的，大多数交易新手的信心都建立在流沙之上，脆弱不堪。换句话说，这种信心是建立在似真实假的基础上的。各位读者如此聪颖，一定能够明白这段话的意思。在恐惧的状态下，自我会产生自信的幻觉。大多数交易新手在得知此信心非彼信心时，都会对其强烈否认。然而，难以否认的是交易新手所做的一切几乎都基于恐惧，恐惧在任何时候都是似真实假的基础。通常，恐惧包含着有待验证的信念和参照。没有以参照为基础的信心，以及由自我产生的信心，都是自负的幻觉。

信心必须建立在信仰之上，人必须在认识到自我对现实的扭曲后，才能做到这一点。优秀交易者具备的信心基于深刻的内在信念，这种信念认为凭借着自己的能力和方法，终会取得胜利。当人拥有了真正的信心后，就不会在意别人对市场走势的看法。真正的信心会让人坚持自己的交易方法，自信的交易者会通过研究建立属于自己的交易观点。事实上，当理查德·丹尼斯教导交易新手时（后来的"海龟"团队），他总会问一个简单的问题："如果你的交易方法显示，明天开市时要做空白糖，而你在今天晚上感觉明天开市时要做多白糖，你会怎么做？"正确的答案应该是："我依然会在开市时做空白糖"。这才是由信仰产生出的真正的自信，没有自我的事儿。

我来问个问题：无论天气如何，你是否都有信心把车开到干洗店去？你肯定会说有信心。为什么呢？你的信仰源于自己的参照吗？接下来，我会告诉你怎样把车开到干洗店去。

优秀的交易者拥有相同的交易信念，而交易和开车去干洗店这件事类似。无论天气是晴朗、下雨还是暴风雪，你都不会放在心上，因为你十分确定自己能够把车开到干洗店。你根本用不着为了这件事去看天气预报、阅读书籍，或者订阅传真服务，你也不用浪费时间去和邻居讨论这件事。

你不会为此大费周章，因为你对自己开车去干洗店的能力充满信心，而这种信心是建立在实现目标的信仰和参照之上的。优秀的交易者对交易也秉持相同的信念。优秀的交易者不会在意他人的想法，也不会"见风就是雨"。优秀的交易者对自己拥有克服一切市场困难的能力充满信心，这种信心建立在其坚信自己能够实现目标的基础之上，这让他们能够坚持运用自己的交易方法。

那么如何建立这种信心呢？很简单！信心是一种信念，可以通过前面讲过的方法建立信心（如果缺乏）和增强信心（如果之前是消极的）。请记住，自信表明一个人相信自己的能力，也表明其已经掌控了自我——因为自信的人不自负。

掌控了自我之后，人的自信水平将会提升，并有信心去设计自己的交易方法。交易方法能反映交易者的独特看法、信念和对市场的解读，还能够反映出交易者如何识别市场趋势，进入和退出市场，以及如何判断应该何时进入和退出。

切记，交易者在对交易方法建立起信心之前，必须有相信自己能够实现目标的信仰，相信自己有能力建立有效的交易方法，这一点尤为重要。自信能够提升自律、执着和信念的水平，也能使人得出有效的参照和交易方法。

缺乏信心，就无法强化成为优秀交易者所需的其他品格。人对自身的能力充满信心，会让能力得到持续提升。人一旦掌控了自我，并且相信自己能够实现目标，就能具备成功所需的信心。

| 第 5 章 |

自律的交易者能够持续盈利

优秀的交易者需要信心、自律和严于自律的信心。

——汤姆·R.彼得森

为什么要在一次交易中冒这么大的险呢？为什么不在生活中追求幸福，反而去经受痛苦呢？因此，我决定学习自律和理财。

——保罗·琼斯

人必须严于律己,才能脱颖而出。没有纪律,人便如身处无舵之舟。人必须基于纪律进行研究,以制定自己的交易方法。在测试交易方法时,纪律会要求你只使用一小部分而不是全部资金。有了纪律,人就能够按照自己的交易方法进行交易。而缺失纪律的话,人便无法控制自我,无法形成积极的信念,无法产生信仰,也无法相信自己的能力。不自律的交易者很难提升自己的交易能力。

每个人都明白纪律是什么,但很少有人愿意接受纪律相关方面的培训,制定具有纪律性的交易方法。交易者必须将纪律贯穿于交易始终。虽然市场会让人身处逆境或顺境,但是交易者需要自始至终遵守交易方法的纪律。

纪律的含义是按照信念和规则行事。纪律可以提高人的反应速度、个人能力,激发出人的勇气,也可以将杂乱无章的外部环境秩序化。大多数人能通过反复执行同一项任务而变得自律。

当人潜心研究参照,建立了一套不惜一切代价也要遵守的规则和信念时,纪律也就随之产生。当人们花费了大量时间和精力建立起规则,并开始自律行事时,会感到这些付出都是值得的。纪律能够显著提升人的行事效率,因为按照纪律行事的话,会节省大量用于争论和怀疑的时间。以驾驶为例,开车需要遵守交规。通过反复训练,人能够自律地遵守交规安全驾驶,并对各种突发状况迅速做出反应。回忆一下,你是如何掌握驾驶纪律的,特别是对于某些不常发生的情况。大多数人第一次在雪地里开车时,往往只能行驶很短一段距离。人们都学过,如果汽车打滑,正确的做法是顺着打滑的方向打轮。在第一次听到这个要求的时候,人们都会问"为什么",认为这不合逻辑。然而,当车在雪地上滑来滑去时,我们知道了顺着汽车打滑的方向打轮是正确的。通过不断重复，我们建立了这项纪律（信念或规则）。如果汽车又开始打滑了，人们就会迅速顺着打滑的方向打轮，这种信念可能会多次挽救人们的生命。从这个意义上说，纪律也毋庸置疑是一种信念，且我们必须一直遵守。

交易者也同样需要养成纪律。在没有规则的游戏中，交易者必须建立自己的规则。在交易当中，没有现成的规则能够告诉你该什么时候建仓，什么时候平仓，或者交易多少张合约。唯一能确定的规则是经纪商强加给你的。经纪商不会在乎交易者的盈亏，无论交易者赚了还是赔了，经纪商都会赚到佣金。只要交易者遵守报告制度和保证金要求，商品期货交易委员会（CFTC）和国家期货协会（NFA）这类监管部门也不会关心交易者的盈亏。

交易的一大挑战在于没有真正的规则。当然，现实中存在不少所谓的通行规则，如低买高卖，但是低买这件事从未有过确切的定义。你怎么定义低价？你怎么知道价格不会再继续下跌？高卖又是什么？假如低价买进了，你怎么知道肯定能卖得更高？假如你做到了低买高卖，那么当你卖出以后，价格经历了小幅下跌，之后又开始大幅上涨，该怎么办？你有关于重新建仓的规则吗？还是你只能闷坐一旁，为自己过早平仓而恼火呢？

还有一条看起来完全正确的规则，叫作止损不止盈。这个规则是正确的，却也是一句废话。应该如何定义利润？是3个点还是300个点？又该如何定义损失？是3个点还是300个点？止损不止盈到底是什么意思？你怎么能确定止损点近在眼前，而盈利却会不断扩大？那些引经据典的专家有没有暗示某种比例？比如，每当盈利100美元的时候，交易者就情愿亏损30美元？问题又来了，具体要用哪种比例呢，交易就不能扭亏为盈吗？

当然还有其他例子，如市场通常会回撤50%。谁告诉你的？"专家"

会说，市场的回撤幅度通常与斐波那契数列的数字吻合。所以在错过一次大幅上涨之后，交易者是否应该等待50%的回撤出现呢？如果在50%回撤时买入，但市场在出现反弹后再次下跌至63%的位置，交易者又将如何？还要继续持有多头头寸吗？如果是的话，要怎样降低亏损呢？如果市场100%回吐涨幅，交易者又该如何？当交易者听到另一个规则——双底是做多的好时机时，还要再一次加仓吗？

我主要想表达的意思是，很多市场规则在特定的时间里是有效的，但交易者必须自律地遵守规则。

交易者必须建立属于自己的规则

再举一个例子。比如，交易者在查看了几百张走势图，并且思考了若干个策略之后，决定在双底时买入。因此，交易者耐心地等待市场跌至比前低更低的位置。市场在摇摇欲坠之前出现了反弹，之后开始向前低处下跌。假如交易者决定当价格跌到比前低低1%时建立多仓，并将止损位设置在比前低低2%的位置，之后交易成交，市场如期反弹，这时交易者的感觉如何？这种良好的感觉是出自盈利还是出自遵守了纪律？假如在反弹之后，市场跌破了止损点，这时交易者的感觉又会如何？会因为止损而焦虑吗，还是会因为止损而开心？会因为自己遵守了纪律而高兴吗？

假如市场继续暴跌，交易者会因为及时止损避免了更大的损失而感到高兴吗？会因为遵守纪律感到高兴吗？再或者，会不会因为没有反手做空，错失了反手赚上一笔的机会而感到懊恼？交易者会不会因为当下明显不是双底，而在之前按照双底走势建立了多仓而感到恼火？我们进一步论证，假设在交易者止损之后，市场再次下跌。这次下跌增加了出现新的双底的可能性，交易者决定等待市场出现一个小反弹之后跌出新的低点——这样就形成了新的双底，再建立多仓做多。但不幸的是，当价格反弹后，只出现了小幅震荡，没有形成新的双底（导致交易者建立多仓的条件未能满足），而是继续创出新高。由于交易者已经止损，并且因为市场未能形成新的双底，而没有建立多仓，从而错过了整个主升浪。这时，交易者感觉如何？会因为遵守了纪律，在没有形成双底时不进场而感到高兴吗？如果交易者感到沮丧，那么究竟是因为市场未能形成双底而沮丧，还是因为踏空而沮丧呢？

先把这些放在脑后，继续往下看。很快，市场又出现了双底，交易者遵守纪律建立了多仓，而该策略失败了，导致交易者亏损。交易者会怎么想？我来问个问题：在放弃之前，交易者会发下多少次宏愿，一定要牢牢遵守纪律？对于大多数交易者来说，答案是三到四次。在第四次失败之后，交易者会开始放弃遵守纪律，并修改规则。

在放弃遵守纪律之后，市场走势通常反而会像他们当初预想的那样发展。如果交易者已经在四次双底交易中亏损，并在第五次时放弃，但是第五次的结果如此之好，以至于可以一次回补前面四次的亏损，甚至还有盈利，这时交易者会有什么感觉？大多数交易者都会感到愤怒，对市场和自己极为不满。

交易是难度最大的职业之一，也是能给人带来成就感的职业。交易看上去很简单——有什么是比在双底建立多仓，在头肩顶建立空仓更容易的事呢？要想成功，你只需要买一套能够识别走势的计算机交易程序，让它告诉你该怎样做就行了，对不对？

和运动一样，真正的较量是精神层面上的决斗。交易需要人们能够掌控内心、价值观和信念，而自律是实现掌控的基石。如果缺乏自律，那么交易者更换计算机交易程序和交易方法的速度，会比超人换斗篷的速度还快！

如何才能成为自律的交易者呢？答案不外乎是控制自我、建立信仰、获得信心。自律对于成功极其重要，一旦认识到自律的重要性，人们就会牢牢地掌控自我，坚定信仰——也就是说，人要坚信目标一定会实现，然后人们会开始改变或创造信念，进而成为自律的交易者。

父母都知道，婴儿必须先学爬，再学走，最后学跑。交易者必须清楚自己面前是地雷阵，前进困难。因此，交易者要像孩童学步一样，从迈小步开始练习。首先，要明确哪些信念和价值观能让人取得成功。交易者必须研究适合自己的方法，并根据自身的特点设计交易方法。其次，交易者要通过对历史数据进行回测确定方法的有效性。最后，交易者需要进行实盘测试，并在成功之后自律地运用这个方法。当交易者反复测试自己的方法时，就是在建立与自律相关的信念和规则。

值得注意的是，如果一个人在生活中不自律，那么在交易中就不可能自律。成功人士在自己的职业生涯和个人生活中，都会保持自律。当然也不排除有一小部分在职场上高度自律的人，其个人生活杂乱无章，但是如果这些人在个人事务中能够更加自律，他们会取得更大的成功。

一个人想要成为自律的交易者，就先要认识到自律是一种与信念有关的规则。人们可以使用前面提到的方法改变自律的信念，这样做可以提高其自律的水平。人们还可以建立对自律进行判断的规则，从而产生正能量，但这种规则必须易于执行。如果在判断是否自律的过程中运用了过多的规则，那么交易者一定会以非自律的方式进行交易，因为过多的规则在实践中难以执行。

众所周知，规则意味着确定性，对应高水平的情绪强度。规则有绝对性，人们会因为规则受到质疑而感到烦躁。规则也是一种信念，当人们发现缺少自律的信念时，就可以进行改善。交易新手在设计信念时，会面临缺少参照的困难。这个困难可以很容易地通过榜样模型进行解决，人可以通过提出好问题确定榜样模型所使用的参照。

自律是指人们在各个领域，通过研究和实践，始终按规则行事的能力。

和许多事情一样，人在迈出一小步之后，便会迈出一大步。自律能够影响人们看待生活的方式，也能够提高人在交易中的感知力。自律能够让人变得超然，忽略自我和情绪，从而更加准确地认识市场。自律是一种品格，当人们认识到自律的重要性时，更能够激发自律的自觉性。自律的交易者能在市场出现大幅震荡时保持清醒。随着自律水平的不断提高，人们的自控力、信仰水平和信心都会提升。

交易者最不愿承认的一件事是市场是不可预测的。市场价格可以一路下跌到零，也可以上涨到无限高。交易者在观察走势图时（如上文双底的例子）以历史价格为基础进行判断，而在交易的时候，交易者必须只关注当下的那一刻。换句话说，如果交易者通过五分钟走势图进行日内交易，就必须完全专注于市场的五分钟走势，不应去在乎市场五天前的涨跌。交易者应当始终关注市场当下的情况，发掘市场此时的思维连续性（趋势）。这些需要交易者足够自律。

自律是交易的第三种品格。在自律之前，交易者需要先掌控信念和信心，以及自我。随着不断练习，交易者一定会形成建立在坚实信念上的自律。自律的交易者接受市场是不可预测的事实，因此可以摆脱和消除内心的痛苦、沮丧和愤怒情绪。

| 第 6 章 |

勇者无畏，大获全胜

对勇气的最大考验，是忍辱负重。

——R. G. 英格索尔

成功的交易者需要勇气：敢于尝试，敢于失败，敢于成功，敢于在困难时期坚持下去。

——迈克尔·马库斯

在大多数文化中，与勇敢相关的信念，都体现了对痛苦、危险或困难的坚定抵抗。勇敢意味着应对恐惧，直面失去财产、自由和生命的威胁。勇敢是一种积极强大的品格。勇敢不是不害怕，而是能够面对恐惧理智行事。同时，勇敢也是一种情绪，能够影响身心状态。勇敢的反面是恐惧，恐惧是一种顽固的恶习。品格与恶习之间存在着一场没有尽头的斗争，勇气和恐惧同样处于持续不断的较量当中。

勇敢的人能够战胜恐惧，懦夫则会被恐惧吓倒。勇敢代表一个人接受了恐惧，在面临艰难的抉择时能够坚定信念。无知的人缺乏勇气，即便他们可能行事很鲁莽。

勇气和希望有关。因为有了希望，人才能大胆进取，克服困难。成功是集合了身心能力、过往经历、朋友互助等的结果。成功能够使人充满希望，产生勇气。勇气也与人们最珍视的东西有关。当人的金钱、财产、家庭、生命、国家乃至宗教信仰受到威胁时，人的勇气就会被激发出来。交易者会持续面对来自市场的威胁，他们可以通过提高心理承受能力，参照过往，抱持积极的信念等方式盈利。

勇敢本身与是否有道德无关。但在很多情况下，勇敢意味着坚毅，是有道德的。坚毅处于懦弱和鲁莽之间。懦弱的人在面对恐惧时会退缩，无法理智面对困难；鲁莽的人则漠视恐惧。勇气包含耐心和毅力，缺乏勇气的人会相信有关勇气的错误信念。懦弱的人也可能有如傲慢、自负、虚荣、卑鄙和固执等这样的恶习。

当人面对生活和交易的艰难选择时，如果一种选择能够带来表面上的公平公正，而另一种选择则会带来财务上的损失，乃至外界的嘲讽和排斥，人们就更需要勇气去进行选择。

坚毅是一种能够激发勇气的特殊品格，也是一种基础性品格。坚毅能通过控制意识和潜意识的冲动，赋予人坚定的意志。当一个人需要鼓起勇气的时候，内心需要保持坚定，直面恐惧和鲁莽。坚毅能够激发人对抗恐惧的勇气，抑制鲁莽的冲动。坚毅的反面是懦弱和鲁莽。

和其他品格相比，人要做到学会忍耐需要更大的勇气。人在面对威胁时通常希望自己更为强大，能够战胜威胁，但是人往往会在忍耐面前低头。战胜威胁通常很快，但是忍耐通常需要坚持许久。因此，忍耐不是向威胁屈服，而是让人的精神保持坚定，持久地与恐惧作战。

在面对市场风险时，优秀的交易者会表现出坚毅的一面，通过信念激发出力量和决心。勇敢是战胜恐惧的能力之一，人要面对的最大恐惧就是失去生命。因此，在提到勇气时，人们都会想到战士或者烈士。纵观历史，人们一直认为勇气与战争或宗教迫害有关。几乎所有的文化和宗教都记录了自己的战士和烈士。人们相信成功的交易者拥有巨大的勇气，因为他们在交易当中时刻面对风险。

人们都知道克服恐惧需要勇气，但是大多数人并不清楚克服焦虑也需要勇气。焦虑和恐惧都源于人的内心，然而两者并不完全相同。恐惧有一个明确的载体，让人的意识能够聚焦在载体上面，这说明恐惧是可以被面对、分析和击败的。因此，恐惧是一个明确的目标，人可以亲身参与，对抗恐惧。然而，焦虑不是一个明确的目标，人的意识无法聚焦在具体目标上，因此无法直接对抗焦虑。

恐惧和焦虑是不同的，但又紧密相关，相互依存。恐惧是害怕面对威胁和痛苦，害怕失去某人，害怕死亡。焦虑则是一种对威胁的预感，对未知的影响让人如坐针毡。威胁本身并不可怕，关键在于人们如何看待它。人们总是试图把焦虑变成恐惧，因为恐惧能被勇气战胜。

人们常常把勇气和战斗联系在一起，把战场看作训练和激发勇气的地方。有些交易者就把交易看成不间断的战斗，并希望从中激发勇气。人要具备以既定规则进行交易的勇气，就必须以坚毅的品格去行事，不受自我掌控。尽管优秀交易者的勇气远不如战士那般显而易见，但同样值得称道。比如，历史上的日本武士和当今的优秀交易者都拥有许多相同的信念。

交易者在面对市场时，总会受到情绪的影响。勇气是决定交易者能否交易成功的关键因素。交易者要具备承担交易盈亏责任的能力，才算是有勇气。简单地埋怨市场，要比扛起交易风险的责任容易太多。

需要澄清一点，即使一个人拥有勇气，仍然会感到恐惧。恐惧是人的一种自然情绪，交易者都会恐惧。无论经验丰富与否，每个人都会遇到"恐惧先生"。优秀的交易者会去直面它，控制自我，遵守规则；懦弱的交易新手则会任由恐惧摆布，无法正常进行交易。

什么时候需要勇气？答案自然是当人感到恐惧的时候。但是，你认为平仓一笔盈利的交易需要勇气吗？一位交易老手会由于哪些恶习而恐惧呢？勇气会与交易老手的贪婪持续斗争。

勇气总能抵御恐惧，而恐惧源于人们各式各样的想法。有些人会想，市场把我的钱抢走了，操盘手占了我的便宜，或者我的运气太差了。我本人喜欢直面恐惧，因为恐惧似真实假。如果改变自己的视角，相信自己，就没有什么可担心的。说到底，勇气是当人们不由自主地因害怕而不采取行动时，坚持去做正确事情的能力。

想理解勇气，就要理解恐惧及恐惧是如何产生的。

在感受恐惧之前，要想清楚几件事。为了感受恐惧，人要么回忆起过去的痛苦，要么预测出未来的伤害。换言之，为了让大脑感受到恐惧，人必须要重温过去的某个事件，或者预测未来的某个事件。这时，人并没有活在当下,因此不可能看清市场的现状。

一旦大脑重新关注当下,就无法继续感受恐惧,这是因为大脑需要做出大量决策,无暇顾及其他,只能关注当下。你还记得曾经恐惧过的事情吗?当你采取行动的时候,恐惧是不是就消失了?这种恐惧对有些人来说可能是一次战斗,对另一些人来说可能是一次公开演讲,有些人在求婚时会感到非常害怕,有些人则可能会恐惧参加某次考试。关键的问题在于,人们都是在事发前一天感到恐惧,而在他们不得不采取行动的时候,恐惧却神奇地消失了。

这是怎么回事呢?很简单,人的意识始终忙于处理当前的事情,无暇为过去和将来担忧。人们克服恐惧的经验十分宝贵,对于交易者来说尤为重要,因为只有交易者本人才清楚自己的交易方法应该如何运用。如果不按照方法进行交易,那么交易者将没有足够的勇气去克服恐惧。在交易时,没有旁人去评判交易者的勇气是否充足。

再问一个问题:你认为交易者会害怕什么?很多人会说交易者害怕犯错,还有人会说交易者害怕亏损,害怕受到市场的伤害。而我怀疑大多数交易者真正害怕的,是他们自己!

所有恐惧的根源,是交易者可能会做出令人痛苦的事情。很多交易者不相信自己能够做出正确的决策,直接花钱购买投资建议比自己设计交易方法要容易得多。交易者购买投资建议的主要原因是,如果交易未能盈利,他们就可以把亏损的责任甩给其他人,从而避免承担责任。这也是计算机交易程序和咨询服务市场如此庞大的原因之一。当计算机交易程序和咨询服务无法盈利的时候,交易者会怎么样?如果交易者未采纳"投资建议",而是按照自己的思路进行交易,然后出现亏损,交易者又会怎么样?你猜对了,交易者会转而去责怪市场。当价格出现了与交易者预期不同的反弹时，交易者会怎么样？他们最常见的回答是："嗯，操盘手抢走了我的钱。"

把责任推给别人是很容易的，大多数交易者都不对自己的交易承担责任。对于交易者来说，更难做到的事情是基于自己的分析进行交易决策。为什么交易者没有勇气去相信自己？因为大多数交易者都不相信自己的交易方法，更不相信自己通过交易方法做出的决策。他们依然相信可以买到交易的"圣杯"。

拥有勇气的交易者能够毫不犹豫地完成交易，因为人在拥有勇气的时候能够集中精力在当下，不再对亏损感到恐惧，并且相信自己的分析和行动。

人要如何培养勇气呢？勇敢是人们珍视的一种情感，因此可以使用前面提到的技巧，通过改变或创造和勇敢相关的信念，来变得更勇敢。为了改变或创造出积极的信念，必须运用积极的参照。交易者在交易中应加强自律，通过强化品格、消除恶习，建立有效的策略，以培养勇气。

拥有勇气的交易者能够坦然面对恐惧，看穿恐惧似真实假的真面目。这些交易者承认自己可能会亏损，这意味着他们清楚自己所面临的风险。当交易者带着勇气交易时，就能践行自己的信念，像武士一样无所畏惧。

武士之所以毫不畏惧，是因为他们有勇气面对死亡，对自己的能力抱有信心，并且能够自律地克服恐惧。优秀的交易者在很多方面和武士很像。交易者需要面对交易风险，对自己的能力抱有信心，并且能够自律地进行交易。

你觉得那些优秀的交易者多久会恐惧一次？他们会如何克服恐惧？

勇气能够消除恐惧，但要想培养勇气首先要认识到勇气的重要性。当你日后感到恐惧的时候，记住，要想面对恐惧，必须有勇气专注当下。

　　勇敢是优秀交易者所拥有的第四种品格。成功人士在生活和工作中都充满了勇气。交易者需要有相信自己的勇气，不惧犯错，相信自己能够应对交易、控制自我，相信结果终将如己所愿。勇气能够增强人们的信心，使人自律，让人能够掌控自己的内心。

| 第 7 章 |

莫把许愿当直觉

人必须转身才能看到光明而非黑暗，因此灵魂必须暂时离开纷繁的世界，直到人们能够接受现实。

——柏拉图

任何领域的熟练工都有一种近乎本能的"感觉"，这种感觉让其能够感知到许多自己无法解释的事情。

——伯纳德·巴鲁克

真正有价值的是直觉。有些规律并没有可循的逻辑，只有建立在共情与理解之上的直觉，才能解释这些规律。

——阿尔伯特·爱因斯坦

直觉是一种令人赞叹的品格，却被许多交易者误解。交易新手会把直觉和"许愿"混淆，他们容易受到潜意识的影响，因为"感觉良好"而建仓或者平仓。然而，优秀的交易者都拥有直觉，并经常运用直觉。即便是完全机械化操作的量化交易者在设计交易方法时，也会运用到直觉。

许多交易者常常会把潜意识的冲动与直觉混为一谈。这可以理解，毕竟直觉也源于潜意识。因此，要区分直觉和潜意识是很难的。潜意识总是追求刺激和妄动，并且让人相信自己对市场上将要发生的波动具有强烈的直觉。我在这里要强调，交易新手应该忽略任何与市场和交易有关的直觉，他们唯一应该运用的是用来设计交易方法的直觉。

如果你刚开始交易，一定要把你对市场的直觉写在交易日记里，至少坚持12个月。过一段时间回顾一下，可以为你建立直觉提供参照，你会看到自己的直觉表现如何。然后，你要努力提升品格，创造出积极的信念，并实现持续盈利之后，再重读这一章。交易新手应该运用直觉设计交易方法，而不是仅仅关心到底应该建仓还是平仓。请相信我，你之后看到自己的银行账户时会为自己当初这样做而感到欣慰的！

直觉在交易者的生活中扮演重要角色。即使交易者对原理并未充分理解，直觉依然能让交易者掌握和运用相关知识和概念。直觉能够帮助交易者看清市场，还能帮助交易者在设计方法时实现突破性进展，从而大幅提升其盈利能力。

杰克·D.施瓦格尔和埃德·塞科塔合写了一本书，全面总结了直觉的风险。交易者很容易把直觉与"许愿"混淆，如果不对信念加以控制，交易者会认为自己是有史以来最具洞察力的人。如果潜意识占据主导，影响了人的行为，那么潜意识会得到极大满足。潜意识会让人忘记那些由"直觉"("许愿")造成的若干失败案例（并将责任归咎于他人），而记住仅有的一两个成功案例。

那么直觉到底是什么，怎样才能拥有直觉呢？直觉被认为是一种与生俱来的能力，是发现和解决问题的关键。交易者普遍存在使用计算机，通过算法和程序实现盈利的信念。有关交易的书籍、研讨会和计算机程序，都扭曲了交易者的思维，让交易者相信只有使用富有逻辑的、理智的交易方法，才能持续盈利。

心理学研究发现，人对周围的感知是一种解释性的行为。人的感知会受到期望、信念和价值观的影响。因此，有些交易者认为白糖价格低迷，而另一些交易者则认为白糖的整体价格趋势是上涨的，目前只是处于阶段性回调。直觉为优秀的交易者创造了奇迹。如果说理性和经验观察为交易者做了铺垫，激情为交易者提供了动力，那么直觉则为交易者提供了创造性的火焰。

在交易领域有两种优秀的交易者：一种通过仔细研究，像微小的海洋动物建立珊瑚礁一样，慢慢建立交易方法。另一种也通过仔细研究建立交易方法，但是在某个时点，这些交易者会通过直觉实现逻辑飞跃，像老鹰一样翱翔天际。

关于优秀交易者的事迹，我们只看到了他们为自己和客户创造收益的结果。这个结果合乎逻辑、井然有序，但我们看不到的是他们的失误和不断修正的过程。因此，我们认为研究一定要有条理、有逻辑。这是错的。交易者是靠着想象力和直觉，才发现了伟大的交易真理！

交易者不能仅靠合乎逻辑的方法去寻找交易思路，每一个新的发现都包含着非理性的、创造性的直觉因素。优秀的交易者能够提前感知困难、厘清问题，并建立解决问题的框架。直觉能够帮助交易者寻找事实、检验思路、解释数据、识别问题的重要性和相关性，进而解决问题。

为什么雷·克罗克会不顾劝阻，执意投资麦当劳？因为他遵循了直觉。再问一个问题：市场仅仅存在于能被准确量化和定义的物质世界里，还是也存在于完全不相干的非物质世界中？市场是否仅仅是一种交易者信念的聚集形式？请花点时间思考一下。

你的答案能够反映出你对市场的理解，以及你的交易方法的来源。从你的答案中也能看出，你的自我是如何看待市场的。

如果人能够量化、测量和控制所有对研究目标有影响的变量，掌握及时准确的信息，那么遵循理性的经验思维是最优的交易方法。但正如前文所述，市场中是不存在这种"圣杯"的。交易市场中存在着数十万种变量，没有人能够精确地对其进行衡量和预测。如果把市场看成一个整体，那么在某种程度上，人们可以提炼出一个可以量化市场的指标。既然把市场看成是一个整体，那么人就无法预测市场，因此交易者需要基于概率进行工作。

如果交易者运用完全理性的方法进行交易，一定会为挫折埋下伏笔。交易者需要把与物理世界相关的科学，扩展到非物质的市场上去。如果交易者以纯理性的经验方法进行交易，那么就无法处理那些不可量化的关键因素，比如其他交易者的观念、思维连续性，以及市场的总体心理状态。

人的市场洞察力的高低，取决于直觉的发挥水平。市场是反映全部交易者观点（信念）的集合。交易者的观点会让他们：①袖手旁观；②百分之百将资金投入市场；③等待时机投入更多资金；④等待完全退出；⑤等待部分退出。交易者的盈亏都反映交易者的观点。

市场是反映交易者观点的集合，是一摊浑水。完全依赖逻辑和可量化的证据，会阻碍交易者看清市场全局。直觉能够让交易者做出更优的决策，得出更具创造性的想法，拥有更深入的洞察力。在一般情况下，交易者在运用直觉时会感到一定程度的恐惧。由于直觉是不可量化的，因此这种恐惧通常是由"直觉会导致思维混乱"的担忧产生的。对于交易新手来说，这种担忧不无道理，因为他们会把自己以为的"直觉"当作失败的借口。实际上，他们所谓的"直觉"其实是自我，而自我会在缺失正直和自律的情况下，挑动消极的信念与潜意识。因此，尽管交易新手坚信自己的"直觉"，但实际上，这只是由潜意识创造出来的冲动思维。只有当交易者真正掌控了自己的品格和恶习，相信自己能够从容行事之后，直觉才会开始发挥作用，这需要交易者掌控自己的信念。

优秀的交易者能够理顺直觉与理性之间既错综复杂又相互促进的关系，维持两者的平衡。他们知道自己既需要保持理性的敏锐，也需要直觉，并让两者相互强化。

人们通常认为直觉是理性的，并通过推理、分析、收集事实形成直觉，然后再通过理性分析去验证、阐述和应用直觉。这种直觉被称为"尤里卡"体验（顿悟），然而直觉并不局限于"尤里卡"体验。直觉会刺激人的理性思维，让理性思维判断遵循直觉可能产生的结果。理性和直觉源于大脑的不同部位，都是人类思维的一部分。

你曾经有过多少次在未掌握足够信息，也没有充足的时间去了解事实的情况下，跳过逻辑推理的中间步骤，得出正确结论的经历？在很多时候，是直觉帮助你进行推理，实现了这种跳跃。交易让人感觉如此艰难的部分原因在于，交易者不顾市场信息的实时变化，坚持严格按照理性思维进行交易。

直觉能够帮助人们找到正确的方向，并沿着这个方向进行推理，评估各种逻辑推论。人的直觉水平取决于对直觉有效性的信念。我无法告诉你如何才能让直觉发挥作用，但是任何消极的信念都可能阻止直觉出现。例如，自卑会让交易者不相信自己的任何想法，尤其是直觉。另外，对做出改变的恐惧、对确定性的质疑、僵化的信念结构、对规则的过度遵循及对计算机交易程序的迷信，都会阻碍直觉的发挥。那些有良好直觉的人通常都是自信、勇敢和自律的，他们能够快速消化出人意料的消息。

自信的信念建立在信仰的基础上，让人坚信自己能够达到目标，从而激发出直觉。当交易者相信自己能在变化无常的市场中成功地进行交易时，就给直觉投出了信任的一票。

直觉会在人们睡觉的时候出现，如果人在醒来之后还能想起梦里的事情，那真是一份美好的礼物。无数故事都讲过，发明家、政治家和将军如何一觉醒来就解决了棘手的问题。

许多拥有直觉的人都会冥想。冥想会产生若干生理反应，包括身体放松、脑电波频率改变，能让大脑达到更深的意识水平。

还有一种提升直觉的方法是瑜伽。人可以通过改变姿势进行放松，达到平静的状态。正确的姿势还能提高人的警觉性。本人最喜欢下围棋，这是一种古老的策略游戏，对人的心理素质要求很高，有助于人们产生积极的信念并制定策略。

交易者要面对一个重要的问题，那就是他们的直觉到底来自真正的直觉思维，还是由潜意识产生的冲动思维。一般情况下，如果想法来源于潜意识，由于意识无法抵抗潜意识，那么这种想法就很可能不是直觉。通常，意识想法会对真正的直觉进行一定的抵抗。交易者可以通过回答以下问题，确定自己的直觉是否有效。

▶ 直觉会让人感到不舒服吗？

一般来说，只要是有效的直觉都会让人产生一定程度的不适感。例如，直觉告诉你应该在交易中减少亏损，但你拒绝这样做，因为你不想承认自己犯了错误，不想在到达止损点之前承受损失。

▶ 你是否担心过别人的看法？

如果想法真的来自直觉，通常会引起别人的注意。由于大多数人害怕被嘲笑，希望自己能够显得明智和实事求是，他们往往会忽视直觉，因为直觉会产生一定程度的恐惧。当人能够接受直觉的时候，这种恐惧便会减轻，但不会完全消失。

▶ 你的直觉符合大众观点吗？

那些被同龄人鄙视的科学家不计其数，直觉常超越大众的认知。再次强调，直觉会产生一定程度的不适感或者恐惧感。

▶ 你的直觉会挑战自己珍视的信念吗？

很多直觉可能会让人感到不安，这是因为在清理旧信念与发展新信念的过程中会产生一些问题，而这些问题很难处理。

▶ 直觉是不是符合完备性的标准？

通常，有效的直觉无法回答全部问题，也不能满足全部的逻辑要求。例如，早上醒来时你感到咖啡的交易可能会遇到麻烦，应该在开盘时平仓。然而，由于直觉无法回答全部的疑问，因此无法自证，你只能继续持有多头头寸，然后看着市场暴跌！

▶ 直觉会产生风险吗？

交易中的直觉往往会涉及风险。然而，正如前文所述，风险通常来自未能认识到直觉的有效性。如果直觉是自我产生的（已知自我会忽视风险），这个直觉就是无效的。

- 你希望自己的直觉正确吗？

当你发现自己刻意去相信直觉的时候，这种直觉往往是自我产生的。这究竟是直觉还是愿望呢？

- 是直觉思维还是冲动思维？

许多人认为自发的想法就是直觉，因为他们并不自律。有些人以自发的名义拒绝去约束自己的冲动和欲望，他们认为直觉就是应激或者冲动的行为。自我如果不受到约束就会经常产生冲动的想法，让人妄动。

- 这种想法是直觉还是自我产生的？

许多交易者会执着于潜意识产生的冲动想法，走一条与众不同的道路。这种想法越离谱，就越会被人接受。直觉也会被人接受，但是人们会有一定的不适感。

- 未经验证的直觉能否被人接受？

很多时候，人在面对错误的想法时会倾向于去接受，而不是去验证它的有效性。惰于思考的人会陷入错误的直觉中。

- 是直觉还是感性？

如果交易者对市场感到不安，往往会产生一种强烈的直觉，认为市场即将出现反转。这种典型的想法是自我想与市场平起平坐的反映。

用无效的信念回测市场是验证直觉的最好方法。如果直觉带有强烈的确定感，让人感到"舒适"，那么这种想法应该只是人们在自欺欺人。当人们认识到自己的思维力量和心理特征时，就能激发自己神经系统的活性，从而运用直觉。

我想重申一点，如果你刚刚开始自己的交易生涯，不要基于直觉做出任何有关交易的决定，即使你的直觉有效。在最初的几年里面（至少一年），请忽略所有和交易有关的直觉。

交易新手只应在设计交易方法的时候运用直觉。在这种情况下，交易者运用一切直觉都是可以接受的，也是可行的。在研究阶段，交易者会有一些萌芽的直觉，这时应该努力保持住这种直觉。本人虽然已经可以在交易中运用直觉，但是我依然谨慎。

快速阅览不同市场的走势图是一种提升市场直觉的方法，可以通过计算机轻松实现。快速查看走势图能够激发人们的潜意识，唤醒直觉。

直觉是优秀交易者的第五种品格。我的目的是提醒交易新手，大多数和交易有关的直觉都是由潜意识产生的冲动想法。交易者只有改变自己的信念，才能不受这种无效直觉的影响。同样，交易新手只有在设计交易方法的时候，才应该运用直觉。在交易者掌控了信念，积累了经验之后，那些与交易有关的直觉有助于提高交易方法的实践效果。

| 第 8 章 |

执着的交易者热爱交易

把1%和其他99%的人区隔开的,是艰苦的工作。这是一种执着,你必须热衷于你所从事的事业。

——汤姆·鲍德温

没有什么困难是锲而不舍的努力和勤奋不怠的关注所不能克服的。

——塞尼卡

不要退缩,不要放弃,不要绝望,即便你未能按照正确的原则行事。

——马库斯·奥里利厄斯

执着是个常用词,是一种品格和信念。每位出类拔萃的人都有执着的信念。这些人能够坚定地追求目标,从不妥协。比如,许多交易者在实现目标的过程中,会有大额的亏损,但依然不放弃。他们身上所表现出的执着,是成功人士的共同点。每位成功人士都有顽强的毅力,不懈追求理想的结果。

人掌控信念和勇气是一回事,而在持续面对失败的过程中,依然能够拥有积极的信念和勇气是另一回事。人在长期行动中,心理疲劳会令负面情绪爆发。当人具备了执着的品格时,就能够坚定信念,即使过程艰难也会坚持下去,直到实现目标。

如果没有坚韧不拔的执着,任何人都难以克服通往卓越路上的艰难险阻,无法实现预期目标。执着的人能够克服怯懦、固执和恐惧。

执着常常被人误解为固执(这是一大恶习)。在应该放弃的时候不放弃被称为固执。固执的人无法终止不可行的方案。人若想出类拔萃,必须具有灵活的思维。但有趣的是,随着年龄的增长,人的身心是不是变得更僵化了呢?

优秀的人都能掌控自我,相信自己能够实现目标,在面对挑战的时候能够保持自信,坚持自律,执着地追求期望的目标,并在策略和方法上保持灵活性。人应该清楚地认识到,到手的东西不一定就是自己想要的。因此,人需要灵活地完善方法,直到实现自己的真实目标。固执的人只会不断重复做一件事,他们相信这样做总有一天能够实现目标,但是交易者面对的是不断变化的市场。

尽管交易者面临着重重挑战,但仍然需要精神饱满地坚持,只有如此才能最终实现盈利。

问一个问题:成人要花多长时间,才能让一个孩子学会走路呢?答案是成人不会去规定时间。同样，人们也不会规定孩子要在多长时间之内学会说话。那么，为什么有这么多的成人非要在规定时间内，学会某一项技能呢？当然，如果他们能在规定时间内学会自然很好，但是假如在规定时间内没有学会这项技能，他们往往就会放弃学习。我们都认识这样的人，很多时候那个人就是我们自己！

执着就是在面对困难时，坚持行动的能力。在平时，没有什么是比学不会一项新技能更让人沮丧的事了。逆境中的执着是一种被人忽视的品格，成功人士都凭借执着取得了成就。优秀的交易者能够持续盈利，就是因为他们能够在逆境中坚持，直到胜利。

一个人要拥有执着的品格，需要有积极的信念、坚定的信仰、建立在能力上的信心、自律激发出的勇气，以及以此迸发出的直觉。

记住每件事的重要性，就可以不断提高执着的水平。切记，执着和固执是泾渭分明的。你必须时刻认识到通过改变信念，能够更快地实现目标。正如安东尼·罗宾斯观察到的那样："我认识的人都在某个领域比我专业，而我也会在某个领域比其他人都更加专业。"当你执着地付出努力时，记住，也许已经有人在这个领域提出过更为简便的方法了。

尽管本章很简短，但很重要。成功的交易者都拥有执着的品格。执着至关重要，如果人不能在看似无尽的逆境中坚持下去，就永远无法实现预期的目标。

| 第 9 章 |

正直：远不止于诚实

让坚定的正直，成为你的座右铭。

——伯纳德·巴鲁克

缺失知识的正直软弱无用，缺失正直的知识危险可怕。

——塞缪尔·约翰逊

正直是指交易者具备在交易过程中毫不妥协地坚持自己的品格、信念和交易方法的能力。正直的交易者能够全神贯注地进行交易，不会被他人的言行分散注意力。这是因为正直的交易者能够主动强化自己的品格与信念，提升参照的质和量。他们相信自己的交易方法是完全有效的。

正直的交易者在进行交易时，能够完全掌控自己的内心，让自己处于毫不恐惧的强势地位，严格遵守交易方法和规则。具体来说，正直的交易者不会受到来自恶习、消极的信念，以及潜意识（暗示市场将以某种方式波动）的影响，他们将继续按照自己的方法进行交易。正直的交易者在任何时候都会坦然面对自己。他们总是能够对自己的行为和信念负责，并且严格遵守规则。

交易者要达到正直的标准，必须做到以下几点。

- 能够掌控潜意识。
- 能够创造强大的信念。
- 能够对自身能力充满信心。
- 能够保持自律，遵守规则。
- 能够勇敢地持续践行交易方法。
- 能够区分"许愿"和直觉。
- 能够在困难面前，执着地锻炼交易能力。

正直的交易者能够融合所有的品格和信念，形成一套统一的规则，以此战胜恶习。

正直是一种高尚的品格。品格的基础是掌握内心，品格的最高境界是正直。其他的品格都介于这两者之间，相互依赖。具备这些品格对交易者来说非常重要，唯有如此交易者才能成功。这样一来，也就很容易理解为什么很少有书籍能够说清楚成功交易者身上的全部品格。让交易者理解移动平均线、随机游走、相对强度指数、K线图和周期的知识是很简单的事情，再进一步是让交易者学会相对强度指数（RSI）、江恩分析、艾略特波浪和其他较为深奥的数学知识。但是，阻碍交易新手进步的最大障碍是他们的信念和价值观。改变交易者的信念和价值观的难度与前面两项工作相比，不在一个层级上。各种技巧都试图让市场波动变得"可视化"，让交易者能够通过观察市场实现盈利。虽然交易者很难吃透相对强度指数的原理，但更难掌控的是品格、恶习与信念。

从交易新手到整个社会都相信只要愿意砸钱，就能够轻松解决问题。许多交易者都会购买计算机交易程序，并通过附带的艾略特波浪进行分析，按程序给出的买卖点进行交易。你认为他们有可能花时间和精力，去验证艾略特波浪理论吗？如果交易者能够深入研究，投入时间去掌握一项技巧，那么他们就有可能把技巧内化。然后，他们便能够运用意识和潜意识掌握这项技巧，并运用直觉对技巧进行完善。当你听到小孩子大声指出皇帝的新衣时，你是否也会自问，为什么只有小孩子才会看到真相？答案是，因为没有一个正直的成人在场。在当今社会中，正直是少数人具备的品格。

我很想避免陷入哲学似的争论，但是人要拥有正直的品格，就必须坚守两条准则，那就是"有所敬畏"和"爱人如己"。这两个准则能够强化人的所有品格，消除一切恶习。

每位成功人士都非常正直。如果向他们提问诚实和正直是不是一回事，他们会告诉你两者之间差别巨大。但是很多人都把诚实和正直混为一谈，在生活中把这两个词进行混用。诚实的人对自己和他人来说都是可信的，正直的人则会毫不妥协地坚持自己的信念，这种品质超越了诚实的含义。有宗教信仰的人会说，正直的人身处于未受损害的精神状态之中。

正直（integrity）源于整合（integrate）一词。正直的人能够把所有的品格和信念进行整合，产生"一加一大于二"的效果。当人们能够掌控自己的品格时，会产生协同的力量，将这些品格结合在一起就能够消除恶习。虽然大多数人都是诚实的，但鲜有人真正正直。

诚实和正直的关系看似微妙，实则差别巨大。你觉得一个正直的人，会是缺乏信仰、不自信、胆小怕事、不自律且缺乏直觉的人吗？诚然，诚实是交易者必备的品格，但是正直是全部品格的总和，正直比诚实的标准更高。正直需要一个人整合前述所有的品格和信念。有些交易者可能具备其中一部分品格，却达不到正直的标准，而正直的交易者具备全部的品格（其中有些品格本书并未提及）。

交易者需要具备正直的品格，才能变得优秀。交易者必须清楚交易背后的原理和逻辑，必须坦然面对自己的交易动机。当交易者不断提升自我要求时，其本身就会蜕变！

最重要的是人不但要在交易中保持正直，而且也要在生活中保持正直。能做到这一点的人很难被他人超越。

第 10 章
灵活的交易者能够适应市场变化

> 人性让交易者在遭受亏损时充满希望，在获得盈利时变得恐惧。结果是盈利微薄，亏损巨大。
>
> ——杰瑞·拉弗蒂

许多交易新手都未曾想过灵活性对于交易成功的重要性。成功的交易者拥有许多信念，这就要求他们在自律的同时能够灵活应变。优秀的运动员、商人和其他成功人士的信念都有足够的灵活性。

灵活性源于人在幼年时的潜意识，缺乏灵活性的人是无法实现短期目标的。随着年龄的增长，人们会意识到，灵活性对于全部的动植物来说具有重要的意义。为了生存下去，每种生物都发展出了各自的灵活性，这体现了自然法则。每种植物也都有灵活性，只是程度不一。在一般情况下，灵活性越高的植物生长得就越快，这种案例随处可见。比如，杨树的灵活性比橡树高得多，你猜猜哪个会长得更快，哪个能在飓风中活下来？我来告诉你吧，杨树会比橡树长得更快，许多人甚至认为杨树是一种大型的杂草！动植物进化本身就是展现灵活性的过程。

灵活性指人在身心方面的适应能力。拥有灵活性，人们便能够克服困难，实现目标。观察过铁丝网的人都能发现，铁丝网周围通常会生长一些小树，起着篱笆的作用。这些小树渴望继续长大，但是受到了铁丝网的阻碍。因此，这些小树只能绕过铁丝网弯曲着生长。同样，交易者也会不断遇到新问题，这就要求他们在自律和忠于信念的同时能够保持灵活性。你觉得一个自律的交易者会是呆板的人吗？你认为吉姆·罗杰斯会怎么看待自律和灵活性？

灵活思考是一种通过多种方法分析问题的能力，能帮助人们实现目标。人们如果能在干中学，就能在今后更轻松地处理类似的问题。随着解决问题的能力不断提升，人的灵活性也会提高。换言之，当人足够灵活，能够用新的方法解决新的问题时，就能创造出新的参照，进而坚定人的信念。当人面对新问题，能够"变通"自己的想法时，就能够活在当下，坚守信念。

人们在孩提时代就会表现出灵活性。我的孩子第一次表现出灵活性的时候，是在他们吃光了最喜欢的口味的冰激凌之后，这时冰箱里只剩下其他口味的冰激凌，而他们的目标就是要吃到冰激凌，所以他们改变了看法，欣然地吃起其他口味的冰激凌。同样，交易者也要在各个方面表现出灵活性，才能取得成功。这是再正常不过的道理，就像交易者在下单时需要做出备选方案一样。当然，对于交易者来说可能会更困难一些。如果交易者的看法出现了明显错误，比如交易者根据五分钟走势图建仓，买入多头头寸，当市场开始下跌时，就需要调整观点。

再举一例，某位交易者对趋势进行了判断，希望等待相对强度指数出现看涨背离之后，在第二天开盘时买入。如果交易者对看涨背离的定义过于严格，那么就很可能错过这波上涨，因为市场波动并不会完全符合看涨背离的全部规则。但是，假如运用更为灵活的方法，交易者或许能够发现一个不太完美的"背离"机会，抓住这一波上涨。当然，这并不是说交易者不应遵守严格的规则，要严格分清时间和场合，也要有灵活性。在这种情况下，灵活性能够帮助交易者对看涨背离的规则进行完善。

交易者都会遇到棘手的新问题，一旦他们解决了新问题，就会产生能够再次解决新问题的信念。然而很不幸，交易者似乎要面对无穷无尽的新问题。随着灵活应变能力的提升，交易者解决新问题的能力也会增强。成功的交易者都知道灵活性提高了自己对市场的感知力，也提高了自己对市场变化的反应速度。灵活性能帮助交易者战胜恐惧，迫使他们的思维摆脱僵化，并提升自己的智慧。灵活思考的好处在于能让交易者发现实现目标的其他方法。

随着年龄的增长，人们不仅身体方面的灵活性开始减弱，心理方面的灵活性也会减弱。心理的灵活性是指通过变通思考，人可以在不改变目标和价值观的前提下提出新的解决方案。尽管灵活性不是信念而是一种思考的能力，但仍然受到信念的影响。为了提高心理的灵活性，人们需要确定哪些信念能够影响灵活性。

在一般情况下，呆板的交易者在讲述珍视的事物时，会用很多个"和"把各种信念串在一起，这种信念体系是非常僵化的。比如，在描述如何实现盈利时，他们可能会说："如果10次交易中有7次是盈利的，且在这7次交易中有5次标的合约的波动率至少为5%，总体就能够盈利了。经纪人告诉我，我是她合作过的最好的客户，我的实盘和方法预测的结果完全一致。"再举个例子，在描述做多的方法时，他们可能会说："只有当9天移动平均线上穿45天移动平均线，并且过去20天出现过一次双底，成交量也在增加时，我才会建立多仓。"这些规则或信念都是用"和"串在一起的。交易者用"和"这个字串起的规则越多，其信念就越僵化，越难以达到交易条件。僵化可能会导致交易者身心状态和财务受到损害。

我曾经见过一位交易者，他的做多条件是同时满足59条规则。他做过的大量回测证明，当满足59条规则时，他就能够盈利。然而不幸的是，在证明这些规则有效之前，这位交易者已经破产销户了。为什么？因为他的规则太过于精确了，导致在做多信号出现之前，他有大量的时间却只能无所事事，因此当他感觉市场即将上涨时，就会不再自律，无视规则建立多仓。此外，这59条规则也有内在的问题。实际上，他只是对交易方法进行了优化，而这样只会导致他在做多信号出现时亏损（这听上去很奇怪）。在后面的章节中，我们将研究优化及优化为什么通常会失效。现在的问题是这位交易者坚持59条严格的规则，这就注定了他会亏掉所有的钱。如果他研究出一种仅包含 9 条规则的交易方法，并且这些规则通过"或"而不是"和"联系在一起，那么他盈利的概率将会大幅提高。然而，这种交易方法需要交易者具备深刻的洞察力，并且付出艰辛的努力才能研究出来。

交易者要具备灵活的思考能力，这是成功的必要条件。灵活性和自律看似对立，实则统一。不自律的交易者会言行不一，缺乏信念和规则。他们缺乏自信，也不相信自己能够达到预期目标。相反，自律的交易者能够始终如一地保持坚定的信念和信心。如果缺少灵活性，交易者对待市场的态度会非常僵化，最终导致破产。而与僵化正好相反，市场恰恰是一个充满流动性和活力的地方。因此，自律但缺乏灵活性的交易者会不断地被市场挫败。这种挫败感会导致交易者产生愤怒和怨恨的情绪，进而被自我影响。

灵活的交易者都清楚自己面对的市场是流动性很强的、动态的、灵活的。他们知道尽管必须自律，但也必须始终能够直面市场的变化和问题。正如一位非常成功的交易者曾经说过的："你必须知道什么时候遵守规则，什么时候变通规则。"

我发现瑜伽不仅能让我变得灵活，也提高了我的自律水平。练习瑜伽能够提高身体的柔韧性，也会影响人的心理和对于市场的信念。灵活性是执着、直觉、勇敢、自律和信念等品格的延伸。自律的灵活交易者和不自律的灵活交易者差别巨大。

灵活的交易者总能改变自己的方法和信念，以实现持续盈利的目标。如果能够盈利，他们会随时准备改变自己的观点。当发现新的信息时，只要这些信息符合自己的信念，灵活的交易者就会做好适应的准备。他们仍然是自律的，事实上正是因为自律，他们才能灵活地看待和处理问题。

你认为阿尔伯特·爱因斯坦在自律的同时，在感知新事实方面有很强的灵活性吗？你的任务就是要培养思维的灵活性，以灵敏感知新方法和新的市场情况。因为在过去有效的方法，在未来就不一定那么有效了。

| 第 11 章 |

恐惧：人人皆有，皆须掌控

命运，在做出决策的那一刻，就已决定。

——安东尼·罗宾斯

我自认有一个优点，那就是我会把迄今发生过的所有事情，都视为历史。我不在乎三秒钟以前自己在市场上犯下的错误。我关心的是，从下一刻开始，我要做什么。

——保罗·琼斯

我不喜欢沉湎于过去，我倾向于尽快结束糟糕的交易，忘掉它们，然后寻找新的机会。在将失败的交易处理掉之后，我不会再去回忆往事。

——埃德·塞科塔

人们的消极信念通常会转化为负面情绪。优秀的交易者会努力摆脱负面情绪的干扰。到目前为止，我们一直在谈论品格，以及成功交易者的信念。现在是时候谈谈交易者必须克服的恶习了。如前所述，人会因为预期没有得到满足而产生负面情绪。交易者必须消除关于市场（更多是生活）的消极信念和参照，这些消极因素会产生负面情绪，助长恶习。一般来说，交易新手会在亏损时出现负面情绪，主要是恐惧，而恐惧又会引发愤怒、犹疑、绝望和怨恨。

成功人士能够接受负面情绪，并激励自己，将负面情绪转化为积极的情绪。人们会在无意之中记住经历过的每一件事，然后意识或潜意识会在未来某个时刻回忆这些事情，产生出恐惧或愤怒等情绪。

假如你和朋友站在街角共同目睹了一起车祸，那么你们可能会对警察描述事故的不同版本。可能你注意到的是汽车撞击时的速度，以及汽车的颜色和声音。而你的朋友却把注意力集中在了引发这起事故的那条狗上。当你回想起这次事故时，大脑中会浮现出当时的场景，并附带当时你的情绪，即使你看到的只是整个事件的一小部分。事后来看，你对这次事故的看法和情绪有可能让你变成更好的司机，也有可能造成消极的影响，创造出限制性的信念。也就是说，这件事可能会让你注意系好安全带，也可能让你决定不再养狗，因为狗可能会被汽车轧到。不养狗就是一种限制性的信念，因为你无法再体验养狗的乐趣了。

人们通过感官经历的一切（包括情绪和想象）都会被大脑记住。人的潜意识无法区分实际事件和想象事件。当人们回忆起某个事件时，人的意识或潜意识只能重现最初的记忆。人的记忆是由注意力决定的，注意力由思维决定，思维又受到信念与价值观的影响。因此，由于信念和价值观的影响，人们只能记住真实事件的一小部分，但是当人们进行回忆时，会想起当时的全部情绪（实际的或想象的）。人对现实的感知被信念扭曲了。

和目击者类似，交易新手会经历价格波动，并对市场进行各自的解释。每位交易者都会透过"太阳镜"观察价格波动，"太阳镜"由个人的信念、规则、情绪和期望所组成。无论交易新手多么努力，他们看到的价格波动始终是经过"着色"的。因此，交易新手通常会带着强烈的情绪感知价格波动，而成功的交易者则会以一种独立客观的方式对价格波动进行阐释。

记住，人的一切经历和对应的情绪都会以某种方式记在脑海中。至于大脑记住的是什么，取决于当事人的注意力、情绪和身心状态。每当回忆的时候，大脑就会原样重现当时的记忆。记住，人的回忆实际上只是当时整个事件的一小部分。因此，人在进行回忆时，附带出的情绪会比应有的情绪强烈得多，这种情绪联结十分常见。

交易者的负面情绪主要是恐惧。这种恐惧是由信念造成的，即交易者认为自己珍视的东西正在面临威胁，如金钱、信念和期望。

那么，亏损是坏事吗？每个人都会说"当然是"。由于大多数交易者亏掉了全部交易资金，因此说赔钱对他们来说是坏事倒也合乎逻辑。毕竟，傻瓜才不会因为亏损而感到生气。

你可能也感觉到了，这是一个很有深意的问题。没有人愿意赔钱，但是成功的交易者和交易新手在面对亏损时的情绪完全不同。关键的问题是交易者应该如何面对亏损。优秀的交易者会以一种积极的方式回忆亏损的经历。而交易新手则会以一种充满负能量的消极方式看待亏损，而这会强化消极的信念和其他恶习。

人在亏损时会有哪些情绪呢？是愤怒、失望、沮丧、恐惧、焦虑还是解脱？这些情绪你都经历过吗？交易新手认为，亏损意味着自己的交易能力不足，难以预测市场的走向。交易者对交易结果都抱有期待，因此他们在期待没有实现时会感到失望。当然，他们希望自己能够预测市场走势，这样自己的资产就能够上涨。一般情况下，他们会期待市场按自己的独到看法运行。正如人们看到的那样，交易新手在交易时抱有太多期待了。

如果期待没有得到满足，人们便会感到心烦意乱。如果交易者在刚开始交易时就想着赚钱，那就得做好失望的准备，因为市场是无法预测的。然而通过研究，交易者可能会发现几个有效的交易方法。因此，与其因无法实现期待而失望，不如怀着能够实现的期待进行交易。这种期待具体来说就是，市场会在交易时告诉交易者，其交易方法是否能够赚到钱。有了这个预期，交易者就不会感到不安，因为市场一定会给出答案，所以交易者的期待一定会得到满足。同时，交易者也能够在交易中检验自己的交易方法，如果交易方法有效就会盈利，如果交易方法无效就会亏损。无论是哪种情况，交易者的注意力都在当下，这时交易者才能真正占据主动。

期望是对一个事件是否会发生的预期，也就是说期望是用来验证其他信念有效性的信念。假设人们相信运用突破点图和双移动平均线交叉的交易方法能够盈利，交易者就会产生很多信念，比如可以通过点图有效地感知市场，或者产生突破至关重要。交易者还相信双移动平均线的交易方法是有效的，短期平均线和长期平均线交叉的点也至关重要。因此，如果人们运用这些交易方法进行交易，自然会期望获得盈利。所以人们对结果的信念是建立在其他信念上的，但是如果交易者使用经过回测的交易方法在实际交易中却亏损了，那该怎么办呢？

优秀的交易者都知道自己的看法会受到自身立场的影响，因此必须不断自省，因为市场的变化可能与自己的看法不同。他们知道只要自己开始关注资产价值，而不是价格波动的规律时，自己就已经在曲解市场表现了。这时就应该考虑平仓。他们也知道每当自己开始说"我希望"的时候，就是潜意识在告诉自己应该平仓退出了。他们清楚既能够不受市场的不利影响，又能重新找回自己观点的最好方法，就是先平仓离场。

　　许多交易者在亏损时的负面情绪通常是愤怒，这是因为市场让他们感到自己犯了错，并且未能证实自己的信念。当他们运用同样的交易方法进行其他交易时，还会感到恐惧。在和上千位交易者讨论亏损的经历之后，我发现他们几乎都会说"是的，市场抢走了我的钱"或者"是操盘手占了我的便宜，偷走了我的钱"。换句话说，他们认为是市场而不是自己导致了亏损。因此，许多交易者会对市场感到恐惧也就没什么可奇怪的了。交易者是害怕市场还是更害怕自己呢？

　　我研究过的优秀交易者都是从交易新手开始起步的，他们都经历过亏损时的恐惧和愤怒情绪，但是他们知道必须改变自己的信念、价值观、参照和规则。他们为什么会做出这样的改变呢？与那些优秀的运动员和演员一样，他们会在某个时刻顿悟——这个时刻通常是他们正在经受痛苦的时候。这种痛苦有时会超过人能承受的极限。

　　比如，许多优秀的交易者在失去一切的时候顿悟。他们可能因为交易失去房子、汽车，甚至是婚姻，那时他们意识到要么转行，要么改变自己的信念。他们可以将问题继续归咎于市场，也可以为当前的困境承担起责任。当他们失去一切时，他们意识到人的价值远大于失去的财产，自己的交易行为无法代表真实的自己。大多数人会在所谓的"黑暗时刻"形成这样的认识，这种经历反而解放了他们的思想，让他们意识到自己的重要价值。

这些优秀的交易者都有意或无意地意识到必须强化品格，消除恶习。交易者应该掌握九种品格和信念，并以此战胜恐惧、减轻痛苦。交易者在交易时会恐惧什么呢？是害怕亏损吗？是因为市场能够彻底恶化交易者的财务状况吗？市场是朋友还是敌人？市场是交易者的威胁吗？交易者在考虑交易时，需要搞清楚几个重要的问题：自己到底在关注什么？是自己可能会亏或者赚多少钱吗？自己到底是怎样看待市场的？

理解恐惧

我提出这些问题是为了让交易者去思考自己的信念是什么。在真实的交易环境中，交易者的感知决定了交易结果。价格波动是盈利的机会，还是亏损的风险？市场是一年只出现几次"积极的波动"，还是一直处于无休止的波动之中？成功的交易者都知道市场波动是永不停歇的，而价格波动是盈利的机会。如果交易者更关注自己会亏多少钱，而不是能赚多少钱，那么交易者通常都会"得偿所愿"——最终亏损。

交易新手普遍害怕亏损，这种恐惧源于其他多种恐惧。最常见的一种恐惧是无法预测市场走向。这种恐惧是他们在假设其他人都能预测市场走向。如果有人能够准确地预测市场，那么市场还能存在吗？交易新手的另一种恐惧是自己无法最大化盈利。他们越是试图预测市场走势，就越有可能漏掉重要的信息。这些交易新手还担心自己可能不配赚到钱。

交易新手为了克服恐惧，避免亏损更多，只好在分析中加入更多的变量（如运用更多的数学方法、紧盯更多的新闻），投入更多精力。这会导致他们忽略其他重要信息，毕竟没有人能知晓全部的市场信息，总会有意外导致价格波动。这意味着如果交易者过于关注如何避免亏损，反而会亏损。人的潜意识会让人们关注的事真正发生。

人在恐惧时所做出的决定几乎都是错的。例如，为了减少恐惧，交易者会在交易方法中增加更多指标。这样很可能无法实现持续盈利，因为人在恐惧状态下做出正确决策的能力会大幅下降。

成功的交易者会以积极的方式观察市场。他们一直在寻找能够助其实现盈利的市场信息。他们寻找的是自身所需的信息，而不是让自己恐惧的信息。换句话说，他们关注的是自己想要的信息，而不是自己不想要的。交易新手在没有意识到品格的重要性之前，很难改变自己的信念。他们看到的每个广告都在说，只要买了这款计算机交易程序或者交易课程，赚钱就会变得异常简单。一般来说，产品的广告越多，这个产品就越没有价值。因为高品质的生产商能够获得好的口碑，不需要花费大量预算进行推广。

一旦交易者不再那么恐惧，他们就能发现隐藏的市场特征，并实现持续盈利。许多交易者拒绝承认亏损，他们认为浮亏是市场失灵造成的。之所以会这样，是因为交易者的自我试图控制局面，坚持相信这种错误的信念。

因此，我再问几个问题：恐惧到底是什么？什么事情会让人感到恐惧？你怎么知道自己正在恐惧？恐惧满足了你的哪些需求（如果有）？

把恐惧（fear）看成四个英文单词首字母的缩写，即为似真实假的证据（false evidence appearing real）。这说明恐惧是大脑所感受到的一种情绪，会让人感到自己的信念或价值观受到威胁。当大脑感觉到恐惧时，会回忆起有关的参照。这些参照可以是真实的，也可以是想象的，它们可能被大脑准确地记住（对此我表示高度怀疑），也可能充满谬误。实际上，参照很可能不是真的而是假的。人能否准确地向大脑反映事件是由信念决定的，信念影响着人对事件的感知能力。参照对应的情绪强度越高，就越有可能以错误的方式展现，对交易者所采取的行动产生不利影响。

恐惧产生于不受约束的大脑，而产生问题的根源在于信念会让恐惧在大脑中蔓延，直至失去控制。如果人抱持消极的参照和信念，未来将会恐惧更多的事物。

恐惧会让人变得更加僵化、绝望、焦虑、怀疑、优柔寡断、犹豫不决、沮丧、愤怒和痛苦，99%的交易新手因为恐惧最终放弃了交易。恐惧是一种情绪，任何人都难以逃避。交易者必须当天处理好恐惧的情绪，以减轻日后的负担。恐惧是人类的一种正常情绪，无法完全消除，那些未感受过恐惧的人是不会有珍视之物的，哪怕是生命。控制恐惧的诀窍是在交易之前最小化恐惧，然后在并不恐惧的状态下进行交易。

大多数交易者的恐惧来自害怕亏损、错过牛市、过早止盈、失去自尊、判断错误等。当然，最重要的是失去自己所珍视的信念。人们害怕失去自己珍视的信念，因为这样会迫使自己做出改变，但不幸的是大多数交易者把改变等同于痛苦。

当信念受到威胁时，人们会以为自己的基本需求受到了威胁。切记，大脑会判断信念的有效性及其是否满足人的基本需求，即确定性需求、多样性需求、重要性需求和关联性需求。

换言之，交易者如果已经形成了和市场波动相关的信念，便会非常纠结是否要改变其信念。交易者的信念越坚定，就越难改变。如果仅仅是自己的看法受到威胁，交易者只会产生强度较低的情绪，但是如果信念受到了威胁，他们就会变得极端地自我保护，并且会感到异常烦躁。

因此，如果交易者通过大量研究形成了关于市场的信念，并且交易结果符合预期，那么交易者会更加坚定这种信念。但是，假如交易者进行了一笔亏损巨大的交易，会怎么样呢？他们往往会把怒火发泄给市场。如果交易者后续的交易也亏损了，又该如何？交易者不仅会因为信念无效而愤怒，而且还会开始感到恐惧。为什么？是因为交易者可能面临更多的亏损，还是因为交易者的信念受到了威胁？一般来说，如果已经进行了正确的资金管理（许多交易新手在这方面一无是处），那么交易者所恐惧的就是其信念的无效性。由此，交易者陷入了恐惧的恶性循环：做更多的研究，形成新的信念，产生更多的恐惧——循环往复，直至交易崩溃。

你还记得期望是什么吗？期望是一种对信念的信念。为什么交易者会对某笔特定交易抱有很高的期望？很简单，因为交易者相信自己的信念是有效的。当信念受到威胁时，交易者会怎样呢？他们会对威胁的来源感到愤怒。如果威胁来自他人，人们通常会愤怒地给予他人回击，因为这样能够让他人停止质疑，使自己处于上风。但不幸的是市场是无法控制的，这让交易者难以控制恐惧。

控制恐惧

既然人们已经对恐惧有所了解，那么如何才能控制和消除恐惧呢？第一步，承担起对信念、行动及自己珍视之物的责任。第二步，接受事实，即风险是交易的附属品。实际上，风险无处不在。人们想脱颖而出，就必须承担风险。当交易者能够坦然面对风险时，就可以改变消极的信念和参照。第三步，强化战胜恐惧的信念，消除滋生恐惧的信念。正如前文所述，交易者可以通过提出好问题改变对信念和参照的看法。

如前所述，提问能产生不可思议的力量，提高大脑感知新信息的能力。什么样的信念和品格能够减轻人的恐惧呢？自信、自律、勇敢、直觉、执着、正直和灵活性都有助于控制恐惧。你在交易时会感到恐惧吗？如果是，你当时会想些什么？这些想法基于什么信念？这些信念是积极的吗？有其他含义吗？如果你要改变信念，让它充满正能量，那信念会是什么样呢？

通过提问，交易者可以改变让自己感到恐惧的参照。当这些参照能够提供正能量时，交易者将不再会轻易受到恐惧的影响。最后，交易者必须自律，专注于那些能够控制恐惧的信念。只有当交易者不够自律，无法专注于实现目标的信念时，恐惧才会产生负能量。

如果交易者想消除恐惧，就必须自律，且专注于当下。当交易者的大脑不受约束，专注于产生负能量的参照或者潜在威胁时，便会感到恐惧。

请谨记，恐惧只是似真实假的证据。如果交易者能够让大脑关注当下，并果断采取行动，恐惧便没了容身之所。

| 第 12 章 |

愤怒：人皆易怒，敞开心胸

愤怒的人，无论在战斗还是生活中，都会被自己击败。

——武士格言

以愤怒起，以羞耻终。

——本杰明·富兰克林

交易新手最常见的恶习或者负面情绪就是愤怒，专业交易者也会时常感到愤怒。不同的是，交易新手会把愤怒的矛头指向市场、经纪商或者"交易室"，而专业交易者通常更多会将愤怒的矛头指向自己。

愤怒是一种强烈的不满情绪，会让人表现出好战的一面，以此抵御痛苦。许多交易者会因市场给自己带来了痛苦，而试图惩罚或报复市场。愤怒的人会有包括呼吸加速、肢体躁动和言辞激烈等表现。愤怒的人在人群中总是那么显眼，他们无法进行理性思考，也无法感知现实。这就是为什么那些"自顾自愤怒"的交易者会在较短的时间内爆仓。

让交易者感到愤怒的原因有很多，最常见的一种是交易者没有实现自己的预期目标。如前文所述，交易新手通常会对交易抱有多种期待，而这些期待一般都是不切实际的。因此，交易者在交易结果未达到预期时会非常痛苦。这与专业交易者形成了鲜明对比，后者通常只对交易抱有一种期待。你知道这种期待是什么吗？

让交易者感到愤怒的另一个原因是自己珍视（或需要）的事物被侵犯或者忽视。交易者最珍视的除了财产之外还有信念，包括努力工作的价值、获得成功的途径、看清大势的能力及出色的交易方法。此外，如果交易者的基本需求被侵犯，他们也会非常愤怒。如果亏损超出了其所能承受的极限（通常都会如此），交易者则会暴怒。

换言之，如果交易者通过仔细研究和回测证明了交易方法在理论上能够实现盈利，他们就会对这种交易方法给予高度重视。当他们开始交易时，会为取得的盈利感到骄傲，而将亏损归咎于他人。如果亏损不断增加，他们首先会感到恐惧，而后感到愤怒。这是因为他们所珍视的交易方法受到了来自市场的威胁。由于交易者珍视财产，当财产开始减少时，他们会把愤怒的矛头指向市场。另外，假如他们相信人只有付出努力才能成功，但自己在付出了艰辛劳动之后得出的交易方法却使自己亏损了，这就不仅仅是对交易方法和财产的威胁，更是对人应该通过努力实现成功的信念的威胁。

由此，让交易者感到愤怒的第三个原因呼之欲出——交易者的信念未能得到满足或者受到侵犯。如果一种理论上可行的交易方法在现实中遭遇失败，那么交易者会感到愤怒和恐惧。这不仅是因为他们对于盈利抱有期望，更是因为他们珍视的交易方法，以及这种方法所依据的基本信念遭到了侵犯。经过反复测试的方法在实际交易中怎么会失败呢？交易者在控制局面，减轻恐惧感的同时，会不断提高愤怒的程度。但是，市场对任何人的愤怒和任何试图控制愤怒的努力，从来都是免疫的。

简言之，交易者的愤怒程度之所以越来越高，是因为其能力不足以理解市场。他们不知道该如何控制自己的信念，也不知道如何强化自己的品格。而愤怒程度的不断提升进一步削弱了交易者准确感知市场的能力。

人在愤怒的时候会想起过去的经历。如果人为了过去的经历感到愤怒，至少能够控制结果。另外，有些愤怒还能加强对结果的控制。但问题在于，如果交易者在交易时感到愤怒，那么他不但无法掌控局面，而且会彻底失控。市场完全不在乎交易者是怒火中烧还是欣喜若狂。

当人感到愤怒的时候，会难以客观看待市场，并且客观看待市场的能力会随着愤怒程度的提升而不断降低。是什么导致了该能力的降低呢？是什么控制了人的感知呢？没错，是信念。你还记得自己曾经感到愤怒的经历吗？当时你在关注什么？你把愤怒和哪些信念联系在了一起？为什么当时你会觉得自己的愤怒是正确的？

为了降低愤怒的频率和强度，交易者必须改变与愤怒有关的信念。如前文所述，首先要提出问题，对旧信念的有效性提出质疑，然后做出决定：①保持旧信念；②改变旧信念；③抛弃旧信念，形成新的积极的信念。许多交易者认为愤怒能增强自己的力量，他们会说："我知道愤怒是不好的，但有时也能理解。因为愤怒让我充满力量，让我的观点能够被人理解。"要改变这样的信念，他们就不得不提出问题，质疑这种信念的有效性。然后，他们必须把愤怒与新的积极的信念进行联系。他们可能会问这样一些问题："我有理由因为这种情况愤怒吗？这种情况是不是被歪曲了？我怎么会错误地看待这种情况呢？是哪些信念让我做出了决定？我是否准确地认识了参照？我能准确地认识这种情况吗？"当交易者愤怒时，他们会失去理性感知的能力，这会最终导致交易失败。

交易者需要抱持更好的信念，认同市场的本质，接受市场的风险，以此来控制愤怒。如前所述，愤怒对人的身心状态会产生影响。你的身心状态会对信念产生影响，而信念也会影响人的身心状态——如此循环。人一旦开始强化品格和改变信念，就能够不再愤怒。如果人深呼吸、微笑（不是做鬼脸的那种），慢慢伸展肌肉，那么他还会感到愤怒吗？这是不是在提高人的心智水平呢？

与恐惧一样，当交易者专注于当下的时候，也是很难感到愤怒的。这是因为交易者只有在想清楚自己的信念和期望是如何不被满足的时候才会感到愤怒，而这需要交易者脱离当下。但在交易时，交易者必须专注于当下。因此，只有在交易完成之后，交易者才会感受到愤怒的情绪。

这说明要降低愤怒的程度，人们必须控制和愤怒有关的信念。当交易者强化品格，增强信念时，愤怒便会减轻。交易者用来对抗愤怒的最佳品格是宽恕。当交易者能够真正宽恕他人，特别是宽恕自己时，就能够不再愤怒。

　　随着专注力的提升，人的敏锐性也会提升。如果交易者能够明白恐惧和愤怒会对自己的身心状态和财务健康状况造成损害，就会持续努力地消除它们。

| 第 13 章 |

怀疑和犹豫：破产的必由之路

亏损会让人恼怒，但丢掉精气神，人则会毁灭。

——埃德·塞科塔

最大的风险，是坐以待毙。

——杰瑞·拉弗蒂

怀疑是叛徒，让人害怕去尝试，从而失去本可获得的好处。

——莎士比亚

如果长期处于恐惧和愤怒的状态，人们就会产生怀疑。当人们怀疑时，便会犹豫不决。优柔寡断的交易者会犹豫是否应"扣动扳机"进入市场。

怀疑是对结果得以实现的可能性或信念的有效性提出质疑。如果交易者对市场的信念一再受到侵犯，就会开始怀疑这种信念是否有效。同时，交易者会开始质疑自己是否能够实现所追求的盈利。

处于怀疑状态中的交易者会感到不确定、不信任和不相信。不确定是因为他们对结果不再抱有确定性。他们不确定自身的想法或信念是否有效，开始怀疑自己的行为。不信任通常是因为他们对能够实现预期结果的信念和技能的信心受到了质疑。此外，他们可能也不信任旁人的好意或能力。换句话说，交易者不信任是因为他们开始质疑自身的信念、能力或目标的有效性。不相信是因为交易者对市场变化感到惊讶，这在很大程度上源于他们无法接受现实。

怀疑源于人的意识和潜意识。当怀疑源于潜意识时，通常基于人的直觉。也就是说，当画面呈现给意识时，潜意识会感到有些东西并非完全如此。当怀疑源于意识时，通常是因为批判性思维在质疑人与事件有关的信念或对事件本身的看法。也就是说，人们正在利用已有的知识批判性地思考自身信念的整体有效性。

当缺少确定性或对自己和他人失去信心时，人们便常会怀疑。通常，人们恐惧得越多，怀疑也就越多。苦心设计出一套交易方法，并经历了一系列严重亏损的交易者通常会惊讶地发现，原来亏损这件事真的存在。他们对交易方法和市场变化感到惊讶。这种惊讶是一种不信任，而这种不信任反过来又会给持续盈利带来更大的不确定性。这种不信任通常会导致交易者不再信任自己正确感知市场的能力，以及自身信念的有效性。

当怀疑取得压倒性优势的时候，交易者往往不再会追求通过交易实现资产增加的目标。

对于交易新手来说，怀疑的最终结果就是对自己的能力将信将疑，并与市场渐行渐远。这种分化会进一步提高他们无法设计出有效交易方法的可能性。专业交易者会利用自己的怀疑激励自己去了解怀疑的本质是什么，并提出新的问题，改变自己的看法，创造出更好的信念。怀疑总会导致更多的不确定性出现，进而使人们产生更多的怀疑。如果交易者正在怀疑，并意识到自己必须改变交易信念，这就说明怀疑在激励他们创造新的信念，从而重获确定性。

怀疑最可能导致的是犹豫。市场就像一艘不等人的离港之船，怀疑的交易者无法在船离开码头之前完成交易。每当交易者说自己明明知道市场即将上涨，却错过了这波行情的时候，都是因为怀疑——他们通常对自己的能力或对市场的信念失去了信心，或者经历了不同程度的恐惧。当交易者发现很难开始交易时，就必须花时间确定一下自己产生怀疑的原因是什么，然后改变当前的限制性信念，或者创造出足够多的参照让自己相信自己的想法是正确的。

在进入或退出市场之前，怀疑会令交易者犹豫不决，难以决断。犹豫不决是指不能采取行动或做出决定。犹豫不决是由恐惧、怀疑，以及强大品格和积极信念的缺失造成的。犹豫不决的交易者通常会感到不适且非常焦虑。

犹豫不决的交易者总会行为前后不一致，从而无法持续盈利。然而，犹豫不决正是交易者的最佳成长时机。如果他们能利用好这段经历，克服限制性的信念和行为，就将踏上成功之路。但是，如果交易者不能果断采取行动，那就只能束手无策，陷入趋避冲突的陷阱。

第一个陷阱——习得性无助。这是一个有趣的心理学概念，本书用比喻的方式来解释。在印度，驯象师要想训练大象服从人类的命令，就会从大象小时候开始训练。驯象师会把一根粗壮的绳子系在小象的一条腿上，然后把绳子系在一根结实的木桩上。小象会挣扎着想去挣脱，但是最后会因为筋疲力尽而放弃并停止挣扎。驯象师晚上会继续用绳子把小象拴住，这样小象就不会逃脱了。令人惊奇的是，一头成年的大象本可以轻易地把木桩从地上拔起，或者挣断绳子，但是经过训练的小象长大后却不会去尝试挣脱。这些经过训练的大象已经陷入了习得性无助，因为它（意识或潜意识地）认为自己的行为注定会失败——那为什么还要尝试呢？

同样，当交易者怀疑和犹豫时，如果不努力果断采取行动，那么就只会慢慢"学习"如何变得无助！习得性无助的交易者相信信念对事情的结果没有影响。他们真心相信即使付出了所有努力，自己也无法得到改进和提升，他们无法对自己的交易结果负责。恶性循环由此开始：交易者必须做出改变才能摆脱习得性无助陷阱，但是他们学到的却是不要做出改变。

另一个陷阱——趋避冲突，也可以用比喻进行阐释。饥饿的老鼠对食物有着强烈的渴望，特别是当它们更加饥饿的时候。但如果它们在靠近食物时会受到不同程度的电击，它们就会把食物与电击的痛苦联系在一起，会对食物产生排斥。老鼠和食物的距离取决于它们的饥饿程度和电击的电量。老鼠既想接近食物，又想躲开食物。当随机产生的电击的痛苦小于饥饿的痛苦时，老鼠最终就会靠近并吃掉食物。

因此，交易者痛苦是因为害怕在市场中犯错，害怕自己的信念与价值观受到威胁。然而，他们却又渴望赚钱的乐趣。有趣之处在于，在短期内，交易者的收益似乎是随机的。交易者永远不会知道下一笔交易是赚还是赔。随机收益（或奖励）会让人非常上瘾（你觉得老虎机为什么会如此受欢迎？），除了追求收益之外，交易者还喜欢验证自身的市场信念。

趋避冲突的交易者是非常优柔寡断的。就像饥饿的老鼠一样，他们心理上会远离渴望的目标，但随着欲望的增长，他们又会向目标靠近。他们的注意力集中在自己渴望和害怕的东西上。一如平常，他们最终会开始交易，忘掉规则。也许他们最终会得到回报，但肯定会承受精神上的痛苦。

为了避免陷入习得性无助与趋避冲突的陷阱，交易者必须改变对市场的看法。他们的痛苦存在于大脑之中，源于他们对市场的看法而不是市场本身。为了克服这种情况，交易者需要每天持续强化自身的品格，增强自己的信念。

你的目标是尽可能客观地了解市场。你应该抱持一些积极的信念：不要为开始特定交易而感到压力或恐惧，也不要对亏损的交易感到拒绝或愤怒。你应知道交易结果并不关乎对错。如果市场呈现出某种特殊形态，你总能按规则采取特定的行动。你关注的是交易时的市场结构，而不是能否赚钱。你已经事先确定在特定情况下应采取哪些行动。你应把自己从"要正确"的需要中解脱出来，不去在意市场给你的反馈。

| 第 14 章 |

亏损：交易的代价

> 别指望自己永远都对。如果你犯了错误，尽快止损。
>
> ——伯纳德·巴鲁克

> 犯错也是好事——它告诉你，要么下手太早，要么应该改变观点。
>
> ——汤姆·R.彼得森

为了成为一位成功的交易者，你必须改变自己对亏损的看法。有些交易就是会产生亏损——这是一个冰冷的事实。亏损的含义取决于交易者的看法，而这种看法反过来又会受到信念和交易者对亏损的情绪强度的影响。由于绝大多数交易者对于承认某笔交易亏损存在内在抵触情绪，因此你必须抱持这种信念，即你愿意尽快承认某笔交易亏损，否则由此产生的压力和焦虑会阻碍你实现目标。

持续盈利有赖于以积极的方式看待亏损

大多数交易者感到压力和焦虑，是由于其未能强化自身的九大品格。这也是因为交易者有意识或潜意识地认为，市场必须符合有逻辑的、可预测的和合理的规则（有待交易者进一步发现）。需要再次强调的是，优秀的交易者已经认识到，市场是一个不断变化的存在。优秀的交易者相信，市场变化与他们自己的财务状况毫不相干。

在某种程度上，市场就像狂风暴雨中的海浪，每朵浪花都独一无二，波浪的确切特征是无法预测的。潮起潮落，变化无止境，波浪也无止境。同样，你的每笔交易都是独一无二的。交易的确切特征是无法预测的，市场变化永无止境，也永不停止，不断筛选交易新手。

每个人都会告诉交易新手："止损不止盈。"似乎每个人都有一套"系统"或一门"课程"能够传授给你。有无数种交易方法可以得出止损价格、平仓价格和建仓价格。如此看来，想赚大钱，你所要做的就是找到一套合适的"系统"。事实上，真正的交易是在你的大脑中进行的。当你亏损时，你所经历的痛苦正好是一个证明，表明你必须付出如此多的努力，才能改变自己对市场和亏损的看法。

你在失败的交易中所承受的痛苦，是自己的专注和信念带来的结果。一位交易者可能会因为亏损500美元而非常烦躁，而另一位交易者却没有丝毫的不安。原因在于，500美元对这两位交易者的含义截然不同。同样，如果你认为亏损是市场的错，那么当市场变化出乎意料时，你就会感到非常烦躁。如果其他交易者认为偶尔的亏损在所难免，并且是验证自身感知有效性的代价时，那么他就能波澜不惊。

当我开始从事大宗商品交易时，我的弟弟弗兰克（他在休斯敦从事天然气交易多年）向我道出如下情况。在交易时段有两位天然气日内交易者，一位交易者做多，另一位做空。最后，做多的交易者赚了钱，做空的交易者亏了钱。那么，谁的交易方法是正确的呢？我的回答自然是，盈利交易者的交易方法正确。他的回答是，仅仅基于一次交易，无法确定哪个人的交易方法是正确的，只能说市场是正确的。这个回答让我困惑了好一阵子。弗兰克是这样解释的：做多交易者建立多仓自有原因，而做空交易者也自有主张。两位交易者建仓的理由可能都是错的，而市场是唯一知道正确原因的，因为市场一直都在做正确的事情。做多交易者建仓的方向虽然盈利了，但可能只是因为他正确地理解了市场变化。仅仅基于这样一笔交易，并不能验证他的交易方法是否正确。

我认为做多交易者能够获利，是因为他能够正确地看待市场。弗兰克的回答是，在这笔特定的交易中，运气比技术更重要。这里的关键词是"特定"。一位使用"正确"交易方法的优秀交易者是能在大量交易中持续盈利的。请让我强调一下：一位优秀的交易者能够在大量交易中持续盈利。记住，只有交易新手会以短视的方式去确认自己是否成功。

如果优秀的交易者能长期实现盈利，那么你认为他们将如何看待一笔亏损的交易？他们在亏损时会有怎样的情绪？他们会有什么感觉，内心感受如何？交易新手在连续几次亏损后会有什么感觉？我很快就会回答这些问题，但是我觉得你们当中的很多人已经知道答案了！

还有一种情况。假设你正在观察小麦的交易情况，如果我们能把时间暂停1分钟，最后的成交价对你来说意味着什么（如209.25美元）？成功的交易者会认为，这代表了这一刻市场对小麦价值的一致意见，包含这一刻基于回顾过去和预测未来进行交易的所有人的意见。现在让我们把时间向后推1秒，在这段时间里，两位交易新手（A和B）在210.25美元成交，A做多，B做空。这会对A和B的看法有何影响呢？他们都相信自己的看法是正确的，如果不相信就不会持有相反的立场。过去的思维连续性和现在的牛市思维连续性有关系吗？可能有，这取决于这两位交易者进行交易的原因。不过，这两位交易者可能是根据先前的交易者所不知道的信息进行交易的。事实上，A和B可能根本不在乎过去发生过什么，因为他们都相信未来会有事情发生（我们无法确定是否如此）。这两位交易新手是否影响了先前的交易者的思维连续性呢？当然会。A会很高兴，B则会对自己的损失感到烦躁！他们都自认非常聪明。现在，如果把时间再向后推1秒，另外两位交易者（C和D）以211.25美元成交，那么先前两位交易者（A和B）的看法又会如何呢？他们的看法将会改变。现在A和B的信念出现了变化。A很高兴，确信自己做对了，B则对价格继续走高感到不安，并对自己可能犯下的错感到焦虑。⊖

那我们能从中学到什么呢？很简单。先前A和B相信、预期和期望的一致价格基于两位交易者已知的信息。然而，由于有了新的信息、观点或对未来事件的预期，他们可能会达成一个新的价格。关键在于市

⊖ 原文疑有误，已根据上下文逻辑做出调整。——译者注

场总是正确而且不可预测的。市场可能偶尔会尊重一下你在走势图上看到的支撑位和阻力位，这时你可以验证自己关于支撑位和阻力位的信念。而其他时候，市场会直接突破这些价格，好像这些点位完全没有意义。你、计算机程序或者时事通讯相信、预期、期望的价格，对于市场的整体走向无关紧要。不管你的资金量有多大，市场总是更大。那些试图人为维持本币高估（或低估）国家（日本、马来西亚、印度尼西亚、英国、俄罗斯、巴西）的央行也发现，市场太大，在任何时候都无法操纵。

如果连拥有巨大资源（金融、才智和物质等方面）的各国央行都无法长期操纵市场，那么市场是可以被操纵的吗？答案是，只有在缺失思维连续性的情况下，市场才能被操纵。在市场没有形成趋势时，一个体量足够大的交易者（个人、公司或政府）是可以进入市场操纵价格涨跌的。但必须强调的是，有这种可能是因为市场的未来不确定，没有表现出思维连续性。每当市场表现出一定的连续性（看涨或看跌）时，没有人能够操纵市场。

优秀的交易者将价格波动视为低买高卖（反之亦然）或高买更高卖（反之亦然）的机会。他们的目标是感知走势图的某种特征，以确定未来某个时点的价格。优秀的交易者知道市场永远不会出错，且能提供交易者盈利的途径。优秀的交易者会努力在交易中持续盈利。尽管特定市场中某笔特定交易的结果是不可预测的，但综合来看，有"优势"的交易者可能实现持续盈利。

现在回答一下前面的问题。在大多数情况下，优秀的交易者在交易亏损时，是不会有负面情绪的。即使在连续亏损之后，他们也不会有负面情绪！为什么？因为优秀的交易者相信市场每时每刻都是正确的。如果最后一笔交易亏损了，那么也只是市场五五开的规则在起作用。第一，市场正在改变方向。例如，虽然交易者认为市场正在朝某个方向发展，但实际上市场却朝着相反的方向发展，这导致了亏损。换言之，如果交易者认为市场即将下跌，因此做空却发生了亏损，市场就是以此表明交易者的看法是错的。第二，市场走势尚不明确，没有产生思维连续性，牛熊之间正在进行争斗，由此导致波动率增加，亏损也随之增加。

优秀的交易者之所以不会对亏损感到愤怒、恐惧和愤恨，是因为他们已经掌握了交易所需的品格与信念。他们通过清晰的、精确的方式定义市场行为及自身行为，并以此诠释市场。由于自身的价值观、信念与规则，他们可以非常清晰地定义自身的行为。

那么，是不是可以说优秀的交易者从不沮丧呢？不是。他们也会沮丧。然而，他们有能力以一种强化自身能力、信念和品格的方式表达自己的沮丧。优秀的交易者一旦面对令自己的感知不再稳定的（一系列）亏损，往往就会选择平仓。然后，他们会采取一些措施在当下的亏损与下一次交易之间留出一段时间。通过设置时间间隔，他们可以质疑大脑目前的所思所想，并通过自问为什么自己的感知会变得不稳定，从而做出更好、更积极的决策。

交易新手在感到烦躁时，往往会逃避思考市场。专业交易者知道，每当其想要逃避思考市场的时候，也正是其开始质疑自己如何看待市场的时候。优秀的交易者清楚不能让亏损的交易持续困扰自己的情绪。当他们意识到自己已经处于连续亏损的状态时，会减少自己交易的次数，并等待这个状态结束。专业交易员认为，在连续下跌期间以与之前相同的合约数量或频率进行交易会令人筋疲力尽。他们的目标是在扩大合约数量与交易频率之前，持续观察走势图上的黑色线条。优秀的交易者能够承认发生过亏损的事实，并通过完善交易方法取得更好的结果。不在亏损的交易中投入感情，能够使他们准确地感知这笔亏损的交易。优秀的交易者总是关注交易的瞬间，以及自己将如何从价格波动中获利。当他们交易时，会忘掉过去发生的事情，直到交易结束——否则他们就会把注意力从当下转移到过去。他们知道在交易时只关注过去，只能使其未来亏损。

那么，交易新手如何改变对亏损的感知呢？他们如何摆脱对市场的愤怒、痛苦和怨恨？再强调一次，交易新手要意识到每当负面情绪出现时，就必须令自己身处一个积极的状态当中。一方面是要意识到，必须改变消极的信念，另一方面是要花时间和精力去改变它们。通过使用前面提到的技巧，你将能够改变旧的信念，创造新的信念，并阻止自己继续使用旧的信念。你知道自己对市场的信念是什么吗？

如果你问那些成功的交易者，哪些交易是最令他们感到快乐的，以及为什么，他们会告诉你几件事。首先，他们的交易方法适用于特定的交易，他们在运用交易方法时没有任何恐惧、犹豫或焦虑。其次，他们在交易过程中控制自己的情绪、监控价格走势，并在交易方法的提示下退出交易。再次，他们身处"交易区间"当中。最后，他们在交易中大赚一笔。

如果交易没有盈利，专业交易者会说"很不幸，这次没成功"。即使交易亏损，他们也不会感到烦躁的原因是他们融入了交易，在交易中监控一切，并在适当的时候按照自己的规则退出了交易。所有环节都不牵扯情绪，亏损的事实无关紧要，只是交易的代价——这是意料之中的。

这与交易新手的反应相比如何呢？询问交易新手关于一笔成功交易的问题，他们会告诉你"自己几天前在大豆上赚了一笔"。再问他们为什么能赚到钱，他们便无法回答你原因。你会发现专业交易者和交易新手的关注点是迥然不同的。

交易新手关注的是自己能赚多少钱，亏多少钱。而专业交易者专注于遵守自己的方法及所有步骤。这种态度上的差别非常真实，然而许多人会曲解说，这是因为专业交易者通常谦虚而冷漠，或者故意含糊其词，以免泄露自己交易成功的秘密。事实上，专业交易者都非常愿意直面自身的品格与恶习的真相，这样才能以平静的心态来面对市场。

如果专业交易者感到烦躁，通常是因为他们自己未能遵守规则。正如交易新手在亏损时会心烦意乱一样，专业交易者在没有遵循自己的方法和规则时也会心烦意乱。愤怒和怨恨可以通过强化交易品格和积极的信念加以控制。

盈利只是交易技能的副产品。同样，亏损表明你的交易技能还有进步空间。交易技能包括掌握你的品格、恶习与信仰，以及掌握独特的感知市场的方式。归根结底，事实上，你赚到的金额表明的是你感知力的准确程度和深刻程度，以及你的信念有多么强大。我的信念之一是试图解释市场为什么会这样或那样的做法，是在浪费时间。我对当前的市场情况感兴趣，我也真的很想知道市场的可能走向会是什么。但我从不预测市场，而是基于概率交易。原因在于如果我预测了，我就会对预测结果投入一定的情感，自我也会随之影响我的决策。当我基于概率交易时，自我几乎不会有影响。我承认市场是不可预测的，我会把自己的情感抽离出来。

优秀的交易者相信市场是完全不可预测的。市场代表在给定的时间内，参与者的所有信念与观点，因此偶尔的亏损是意料之中的。优秀的交易者也相信，市场对自己的观点没有任何确认的义务——市场完全不在乎他们的想法。他们认为市场总是正确的，持续的亏损表明其观点是错误的。这就要求他们质疑自己的信念和关注点。然后，他们必须改变消极的信念，使自己变得积极起来。既然市场总是对的，并且交易者对市场不抱有预期（只对自己抱有预期），那么亏损自然就与情绪无关了。

优秀的交易者相信严格按照经过验证的规则进行交易可以减少亏损。他们愿意灵活地看待可能影响自己认知的新想法。亏损与负面情绪毫不相关，因为有些亏损是不可避免的，是交易的自然结果。简而言之，优秀的交易者没有与亏损相关的负面情绪，因为他们完全对自己的行为负责。他们本质上已经认可交易能否成功是有概率的，因此偶尔的亏损是预料之中的。

现在让我们把这种方法与交易新手最常见的信念进行对比。交易新手认为市场是可以被分析和预测的，并且市场变化是循环的。这些交易新手对此抱有很大的期望，所以他们亏损时非常痛苦。交易新手总是认为，避免痛苦的方法是了解更多不同的市场分析方法。因此，他们投入更多的时间和精力去寻找市场的"根本真理"。他们因此期望更多。自然，随着亏损的持续增加，他们将会更加痛苦。交易新手会通过大量的工作获得更多的信息，以便设计出更好的交易方法，然而他们并未坚持使用某种交易方法。因此，当出现亏损时，他们无法归咎于自己的交易方法，因为他们未能始终如一地使用某种交易方法。所以他们唯一能做的合乎逻辑的事情就是把矛头指向市场。他们希望通过盈利验证自己研究的正确性，但结果如此大相径庭，难怪交易新手会对市场感到如此恐惧、愤怒、怀疑、犹豫不决和沮丧。他们这么快就亏光了也没有什么稀奇的。

成功的交易者会持续盈利，失败的交易者会持续承受痛苦。为了成为你理想中的交易者，你必须改变自己对亏损的看法。你必须勤奋地投入，掌握自己的感知，确信自己会成为优秀的交易者，并自律去研究和遵守交易方法，有勇气去毫不犹豫地执行交易方法，有智慧去区分"许愿"与直觉，有恒心永不放弃，有正直脱颖而出，保有内心的灵活性，包容开放。如果你这样做了，我向你保证在某个时点，你将对亏损进行这样的解释：亏损会令我成为获利丰厚的交易者。

| 第 15 章 |

持续的盈利源于正能量的信念

金钱是世界上最重要的东西。金钱本身意味着健康、力量、荣誉、慷慨和美丽。显而易见，对金钱的欲望则意味着疾病、软弱、耻辱、卑鄙和丑陋。

——乔治·伯纳德·萧

金钱的全部优点体现在怎么花出去。

——本杰明·富兰克林

当交易者能够始终如一地看清市场时,就能够持续盈利。持续盈利基于持续交易,而这一切的基本前提是能够正确地感知市场。我们知道感知是一种解释行为,会受到交易者的信念、价值观和期望的影响。当交易者能够正确地感知市场时,就能够创造出一种能使自己比其他交易者更具有"优势",或者稍占上风的交易方法。

这一切都是从交易者提升自己的品格开始的,他们必须变得更加高尚。我知道在当前这个时代品格这个词听上去有点过时,但是通过让自己更加高尚,交易者就能够有更多积极的参照,并创造出更好的、更能赋能的信念。

让我们再次回顾一下成功交易者对于市场的一些重要信念吧。他们认为市场总是正确的——价格处于应在之位。市场代表交易者在任意时刻的心理,最有效的波动发生在当价格异动却无法解释之时。市场的表现总是出人意料,与生活不一样——市场的非持续性大于持续性。除非你想亏损,否则永远不要与市场争辩。市场只会去想去的地方。以上这些是成功交易者的部分信念。

总之,市场可以在任何时候做任何事情,无论出于什么原因。市场总是正确的,市场甚至不知道个体交易者的存在。成功交易者的普遍信念是对自己的行为、信念、观点和风险负责,而且他们自己设计交易方法。在他们看来,交易方法给予了自己一部分优势,而感知给予了另一部分优势。

正如对市场抱有普遍信念一样,成功的交易者也对如何持续盈利抱有特殊的信念。他们对于成功交易的看法也与交易新手不同。成功的交易者有特定的信念,能够以积极的方式看待亏损。成功的交易者也把盈利看作其信念结构的基石。我听到你们很多人说:"等等,约翰。我的盈利赋予了我力量！"如果是这样的话，为什么交易新手从盈利的交易中退出会如此困难呢？

原因是恐惧。交易新手非常害怕退出一笔盈利的交易，因为退出之后价格可能会继续走高：如果价格继续走高，他们将"错过盈利"。当交易新手开始交易时，他们关注的是自己的盈亏。

当交易盈利时，他们的关注点就会改变——关心市场会从自己身上拿走多少钱。他们所做的一切都源于恐惧。交易者在恐惧时做出的任何决定几乎都会带来不好的结果。

我们已经研究了交易新手的大多数消极信念。唯一我在本章中要再次提到的消极信念是，市场决定了交易者的盈亏。交易新手真诚地相信，更好的市场分析将给自己带来持续更久的盈利——他们可以预测市场行为。换言之，他们相信通过提高持续预测市场行为的能力，就能够持续盈利。大多数交易新手的关注范围都很窄，市场决定其观点。

绝大多数交易新手缺乏遵循交易方法和资金管理规则的自律性。缺乏自律性意味着他们可以逃避为自己的行为负责。他们认为自己已经接受了交易亏损的风险，但事实并非如此。简言之，交易新手交易时心理上是恐惧的，但这种恐惧有时会被兴奋掩盖。

只要有一笔交易浮盈，交易新手就会感到兴奋。我知道那种感觉。在我交易了大宗商品几年之后，我的交易方法显示应该做空债券。我建了空仓，几天后债券下跌。我弟弟弗兰克在当天早上打电话给我，我仍然能记得我和他交谈时有多么兴奋。第二天，我平仓获得了可观的利润。我想问的是：是市场让我做了正确的决策，还是我的信念让我按交易方法指示的平仓了？你们中的一些人可能在想："兴奋有什么不对的？"

那么，兴奋有什么不对呢？很简单。下次我交易时，是赚还是亏呢？如果你回答亏损，那么你是对的。事实上，我在连续亏损了五次之后才盈利。连续五次交易亏损对我来说太常见，因此我不是一个很快乐的交易者。我能够正确感知市场最初是因为兴奋情绪的影响，而后是因为连续交易亏损产生的沮丧情绪的影响。市场的惊人之处在于，它会将你迅速拉回现实——无论你情愿与否。

兴奋是非常愉快的、振奋的、鼓舞人心的，但这是交易者在交易时必须避免的情绪。因为兴奋会阻止你感知市场，兴奋通常会给你一种自己坚不可摧的感觉。如果你相信自己所做的每笔交易都能盈利，那你的潜意识就压倒了意识。简言之，你的自我正在做交易决定，如你所知，这对你非常不利。兴奋会削弱交易者的能力，因为它是强烈的情绪。愤怒和兴奋会以同样的程度影响你感知市场的能力。

当交易者受到愤怒或兴奋的影响时，最好的办法就是调整心态，直到这些情绪不再影响意识或潜意识头脑。

我要强调的是学习。在前文中，我提到交易新手相信通过提高市场分析能力能持续盈利。这似乎说明交易者掌握的市场知识越多，就越能持续盈利。然而，持续盈利源于有效的信念，而不是对市场的了解。我想进一步说明这一点。交易新手虽然掌握了很多市场知识，但由于自身的基本信念无法实现持续盈利。这种基本信念是通过获得更多的知识，交易者将能够控制风险，并更准确地预测价格的走势。交易新手试图通过掌握更多的知识控制自己的恐惧（风险），他们想要满足自己对确定性（确定价格走向的能力）、多样性（增加研究的变量）和重要性（更复杂或更深奥的指标）的需求。

交易新手正在学习更多的知识，试图消除市场可能带来的痛苦。他们想消除自己的恐惧，但是他们注定会失败。他们的指标越繁杂，计算机交易程序功能越强大，他们就越会试图逃避责任。

让我来问你几个问题吧。你认为100年后，市场还会存在吗？你认为我们的技术会更加先进吗？你认为交易新手在未来会使用比现在更先进的计算机、模型和指标吗？他们为什么要使用新的"工具"？

我是在说更强的计算能力会适得其反，更加了解市场或者使用更深奥的数学公式是一件坏事吗？我可没这么说！但如果交易者这么做的根本原因是企图逃避责任，那这就是坏事；如果是为了增加自己的优势，这便不是坏事。当交易者能够看到市场的基本真相或结构时，他们的优势就会更加明显。我知道这听起来好像是在钻牛角尖——不过我向你保证并非如此。

打个比方，一个男人因为想起自己的祖母，在晚上帮助一个老妇人过马路。他是在基于品格做事。这和另一个男人陪着老太太走到马路对面，以便在黑暗中抢劫她是完全不同的。虽然他们的行为相同，但目的完全不同，结果也不一样。那些对自己的交易结果承担责任、接受风险，接受市场行为以获得更大优势的交易者，并没有强化自己对市场的消极信念。这与那些不断学习的交易者形成了鲜明对比，因为他们希望通过准确预测价格消除恐惧。这些交易者在没意识到的情况下，强化了自己的消极信念。与很多事情一样，促使人们行动的目的或潜在信念才是关键。

盈利的交易者对盈利有着共同的信念。成功的交易者相信他们盈利是因为其能够感知市场的现状。他们的感知越准，盈利就越多。他们基于概率思考问题，知道随着时间的推移，他们的优势"方法"将使其持续盈利。因为他们基于概率交易，并且知道市场会发生意想不到的事情，他们会同时面临亏损和盈利。就像在亏损时没有特殊情绪一样，他们面对盈利也没有什么情绪。

　　成功的交易者认为市场不是威胁，而是一种工具（你还记得什么是工具吗？）。在绝大多数情况下，他们知道恐惧是由自己的信念引起的。因此，如果他们正在恐惧，便会开始自问是什么信念导致了恐惧，然后改变这个信念。这使得他们能够在不受恐惧影响的情况下，感知市场行为。事实上，他们在交易时不会感到恐惧、愤怒，怀疑或优柔寡断。他们没有任何压力，因为他们已经接受了承担自己的信念、看法，以及行动后果的责任，他们只是在"交易区间"停留。

　　优秀的交易者之所以能够持续盈利，是因为他们有能力始终知行合一。他们的头脑总是充满力量，总能够感知真正的市场行为，并始终如一地遵守自己的交易方法和规则，预先确定自己进入或退出交易的点位和资金的风险敞口，灵活使用自己的交易方法，持续地自问一些积极的好问题。

　　没有其他交易方法能够让人持续盈利！

| 第二部分 |

THE 21 IRREFUTABLE TRUTHS OF TRADING

成功的交易策略

| 第 16 章 |

确定市场共识的策略

　　股票、大宗商品和债券的价格,受到一切外部事件的影响。我们所记录的并非事件本身,而是人们对于事件的反应。几百万人对这些事件的反应,可能会对未来产生重大影响!

——伯纳德·巴鲁克

我仿佛听到有人说:"约翰终于从心理学里面跳出来了,讲点能直接编程的东西吧。"嗯,这样说部分正确。我想和大家分享一个策略,这个策略是我在交易时进行技术分析的基石。虽然我也会用到更深奥的数学模型,但这些模型都是建立在本章的基础概念之上的。交易者要能够设计出属于自己的交易方法,以此获得"优势",要把那些深奥的模型当作提升感知能力的手段而非目的。

有些读者可能会认为本章的内容过于基础,因此一览而过。然而,每种交易方法都有其基础,本章就是本人交易方法的基础。虽然本章的内容很重要,但是远没有本书第一章的内容(关于掌控自我和信念)来得重要。开始本章之前,我假设读者对技术分析和相关术语已经有了一定程度的了解。

伯纳德·巴鲁克生于1870年8月19日,后来成了一名交易员。19世纪末到20世纪40年代,他在股票和大宗商品交易上获利颇丰。我在读巴鲁克的自传时,第一次知道了"思维连续性"的概念。巴鲁克是从一位股票交易员米德尔顿·伯里尔那里听说这个概念的。19世纪90年代末,市场在上涨的过程中出现了崩盘。"崩盘会打破看涨的思维连续性。"伯里尔曾经这样说。

从心理层面描述市场波动是我见过的最佳方式,我很纳闷的是,交易新手怎么会相信成功的交易者是靠内幕消息赚钱的。在一般情况下,专业交易者和交易新手所获得的信息是完全相同的。尽管专业交易者会付费获得咨询服务,但是他们的大部分信息都来自市场、报纸、杂志和互联网。他们之所以能够通过解读信息实现盈利,是因为他们已经掌控了信念和品格,这些是交易新手无法做到的。此外,专业交易者能够独立思考,而交易新手却常常把信息和思考混淆。

在本章中，我将提到支撑位和阻力位的概念。许多交易者都会把趋势和牛市联系在一起，他们会把支撑放在牛市中去思考，把阻力放在熊市中去思考。

本书是对本人的思考进行的总结，因此当我提到支撑时，既可能是在牛市也可能是在熊市，阻力也一样。我所定义的趋势是由两种力量组成的，即买方和卖方、看跌者和看涨者、供求双方，或者围棋的黑白子。任何一种力量都不比另一种更高尚，它们都是客观存在的。无论怎样称呼两种力量，它们之中一定有一种占据主导，而另一种则在抵抗。主导力量会将不同的价格水平作为支撑位和阻力位。

换言之，多头的阻力位指多头难以突破的价格水平。空头的阻力位是空头难以突破的价格水平。多头的支撑位指市场在回落至某个价格水平时，会有更多的多头进场进行支撑。空头的支撑指市场在反弹至某个价格水平时，会有更多的空头进场进行支撑。我相信这种定义和许多交易者的看法完全不同，但我是在进行很多次围棋博弈之后，才得出这个观点的。

如果某个价格水平被突破，那么可以说主导力量失去了主导地位。例如，假设当前价格是100美元，多头把98美元作为支撑位。如果市场走势下跌，当收盘价低于98美元时，支撑位被突破，市场开始由空头主导。我的交易方法以收盘价为基础，因此无论日内价格是97美元还是99美元，只要收盘价没有跌破98美元，都不算突破。这些内容至关重要，虽然对有些读者来说很基础。

交易者面对的是相同的市场价格，但是同样的价格对不同的交易者具有不同的含义。虽然价格都先升后降，但是不同交易者对于相同的价格波动有着不同的看法。实际上，交易者对价格波动的理解取决于其感知，而感知又受到交易者的信念、价值观和身心状态的影响。这些都取决于交易者的经验和参照。

例如，你还记得自己第一次看走势图的情形吗？那个时候，你知道什么是回撤和双底，什么是支撑位和阻力位吗？也许你当时什么都不知道。1975年，我第一次交易柯达（Eastman Kodak）、杜邦（DuPont）和IBM的股票时，连K线图都没见过。而现在，我只看K线图！有些专业交易者会倾向使用K线图而不是趋势线和买卖价差等方法，他们会盈利吗？当然会。我在交易柯达的股票时，是不是已经掌握了更为先进的分析技术呢？是的！我盈利了吗？是的！但是如果我当时就学会了K线图分析，会赚到更多的钱！

如今，我只用很简单的数学模型观察市场，那么其他交易者有没有在使用其他的分析方法呢？一定有。那么，20多年前的分析方法在今天的市场中还能盈利吗？当然可以。这对交易者意味着什么呢？这说明交易者必须设计出适合自己的方法用于观察价格波动，判断市场会持续上涨还是下跌。有些人会说："太好了，你就直接说吧，市场会涨还是会跌。还有，你是怎么判断的？"容我详细说明一下，希望能够帮到你。

市场是什么？市场就是两个人以某个价格进行交易的场所。想象一下，有一场小麦的拍卖会，买卖双方是面包师和农民。拍卖开始之前，交易者无法判断市场是否存在思维连续性。当第一笔交易成交时，交易者依然无法判断市场是否存在思维连续性。交易者只知道农民看跌，面包师看涨，因此双方同意以某个价格卖出和买入小麦，由此形成了市场。现在假设第二笔交易成交，且成交价不变，那么当前的思维连续性就是供给满足了需求。之所以这样说，是因为成交价没有变化。换句话说，看跌的农民和看涨的面包师都满足了彼此的预期。

现在，第三笔交易的成交价略微提高。原因是什么呢？有可能是农民改变了预期，他们认为以后会面临干旱天气，因此不愿意现在以较低的价格卖出小麦。当然，也有可能是面包师造成的，他们也认为干旱即将来临，因此要在干旱之前囤货，从而推高了价格。还有第三种可能，那就是面包店的需求（或者预期需求）出现了大幅增长，因此面包师需要买入更多的小麦。第四种可能性是，部分小麦发生了枯萎，未来可能会出现减产，从而造成供给减少。导致价格波动的原因会有很多种，交易者不太可能掌握全部的原因。

那么，了解这些原因很重要吗？可能也没这么重要，但重要的是交易者要能在交易的瞬间确定思维连续性。什么是瞬间？很简单，瞬间就是交易者集中全部精力的时间段。例如，如果交易者研究每天的收盘价数据，那么他所关注的时间段就是每天。在小麦价格出现上涨时，市场的思维连续性是什么？这时的思维连续性是小麦价格上涨，多头的力量大于空头。交易者能够运用这种思维连续性盈利吗？当然能！就这么简单吗？是，也不是。如果交易者能掌控自己的品格和恶习，那么一切就非常简单。但是，假如交易者没有意识到掌控品格和恶习的重要性，事情就没有这么简单了。

很多人会说，事情不可能这么简单。告诉你们吧，只要交易者掌控了品格、信念和恶习，事情就是这么简单。该如何定义市场趋势的变化呢？市场趋势包括上升趋势、下跌趋势、震荡上升趋势和震荡下跌趋势。除了这四种以外，没有其他的种类。

▶ 上升趋势也称牛市。在牛市中，看涨的思维连续性主导，多头控制局面，空头溃不成军。

- 下跌趋势也称熊市。在熊市中，看跌的思维连续性主导，空头控制局面，多头溃不成军。
- 震荡上升趋势也称横盘上升。在这个市场中，思维连续性仍然看涨，但是空头在聚集力量。多头逐渐失去掌控力，空头逐渐集结。
- 震荡下跌趋势也称横盘下跌。在这个市场中，思维连续性仍然看跌，但是多头在聚集力量。空头逐渐失去掌控力，多头逐渐集结。

交易者对市场波动的分类越细致，就越容易获得成功

交易者如何确定当前市场的思维连续性属于哪种类型？我现在就来回答这个问题，但在此之前，我想告诉各位和趋势有关的一些简单事实。

先从上升趋势开始说起，我认为人类天生喜欢牛市——买入然后卖出，以此盈利，这看上去十分合乎逻辑。许多交易新手更倾向于建立多仓，而非空仓。在牛市中，多头占据主导，空头溃不成军，因此牛市会表现出某些特征。如果交易者发现了这些特征，就能够得出市场为牛市的结论。牛市就像一头 800 磅⊖的雄鹿，会留下一些粪便（特征），以显示自己的存在。

假如你常到野外去，肯定能分辨出雄鹿的粪便，也能看到雄鹿用鹿角磨蹭树皮的样子。同样，牛市也是有迹可寻的。雄鹿在爬山时，不会径直走向山顶，而是会不断地停下来或者向下撤一段，然后再向上爬。最重要的一点是，当雄鹿因疲劳而顺原路折返时，它们往往会后撤到一

⊖ 1 磅≈0.456 千克。

个较低的山峰,而不会就近休息,因为附近可能有棕熊。另外,雄鹿还会在暴风雨来临之前,下山寻找庇护所。

如果棕熊下山追赶雄鹿时,也有类似的特征,那么当雄鹿和棕熊在山上正面相遇时,会发生什么呢?一般来说,会有一方占据主导地位,虽然看上去双方在横向移动,但实际上它们依然在小幅地向上或向下移动。我怀疑棕熊和雄鹿出现僵持要么是它们都很懒,要么是它们也不确定自己是否应该出现在这里,因此有所犹疑。然而,观察一下哪种动物处于自己的舒适地带,就能判断出哪一方更占据上风。

好了,我们不再继续打比方了。在牛市中,多头往往会在突破阻力位之后进行回调,形成支撑位。如果回调跌破了阻力位,一般就不会再跌破前一个支撑位。但是,如果空头足够强劲,击溃了多头,那么前一个支撑位也可能会跌破。这是趋势即将发生变化的迹象之一。

当空头占据主导时,价格往往会回撤到阻力位(多头的支撑位),但一般不会突破前一个支撑位(多头的阻力位)。同样,如果空头既无法守住阻力位,也无法守住前一个支撑位,这就说明空头的力量在减弱。许多交易新手认为,只有股价才有支撑位和阻力位的概念,实际上技术分析指标也有支撑位和阻力位。图 16-1 从 RSI 的角度,展示了多头和空头的视角。

多头的视角

- 多头面对阻力位逐渐疲软。这可能是因为多头力量不足,也可能是因为空头的力量更为强大。
- 多头找到支撑位。
- 多头突破阻力位,该点位成为多头的新支撑位。
- 在遇到新的阻力位,或者透支涨幅之前,多头会创价格新高。

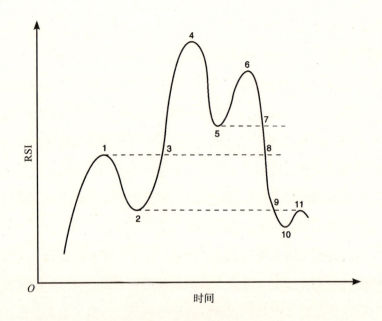

图 16-1 多头和空头的视角

- 多头回落到新的支撑位，这个点位等于或高于第一点，第二点和第三点。
- 多头遭遇到前所未有的阻力，因为缺少支援，无法进一步推动价格上涨。
- 多头再次回撤，未获得支援，在之前的第五点获得支撑。多头遇到麻烦。
- 多头出现更大回撤，仍未获得支撑。第三点是之前被突破的阻力位，在这里应该有支撑。多头肯定遇到麻烦了。
- 多头全面回撤，并且没有支撑。多头可能已经失去了主导地位。
- 最后，多头出现了一些支撑，可能是因为空头疲软了，或者已经透支了跌幅。
- 多头在新的阻力位集结，看涨的思维连续性已经消失。

空头的视角

- 空头复苏，将这个点位作为支撑位。
- 空头发力，价格下跌，但可能因为透支了跌幅，遇到下跌的阻力位。
- 空头无法阻止多头突破第一点，即空头先前的支撑位。空头可能有麻烦了。
- 空头寻找到支撑位，阻止了价格的进一步上涨。多头未得到支援，或者过于疲惫，未能进一步推高价格。
- 空头压低价格，遭遇多头抵抗。
- 空头寻找到新的支撑位，位置低于第四点。空头开始积蓄力量。
- 空头发力，价格进一步下跌，突破之前的阻力位，形成新的支撑位。
- 空头推动价格跌破了第三点的阻力位（这也是先前第一点的支撑位）。
- 空头仍未遭遇多头的抵抗，突破了重要阻力位。
- 空头终于遇到抵抗，有可能是因为空头疲累，也可能是透支了跌幅。这和多头在第四点的情况一致。
- 空头在这里找到支撑，这里也是先前的阻力位，即第二点。此时市场具有看跌的思维连续性。

如果看涨的思维连续性存在，那么市场就是牛市。当足够多的交易者发现多头已经不再占据主导时，牛市就结束了。同样，当足够多的交易者发现空头不再占据主导时，熊市也就结束了。

震荡上升的市场会更多地表现出上升的特征，而不是下跌的特征。

我并没有故意含糊其词，但是确实很难清晰地描述这种趋势。我后面会告诉大家，如何用计算机定义震荡上升或震荡下跌的市场。现在，我只能说，对于震荡上升的市场，如果画一条穿过K线顶点的趋势线，再画一条穿过K线底部的趋势线，那么，这两条趋势线会略微向上倾斜。

当市场出现区间震荡时，其实仍然有上升或下跌的趋势。一般情况下，市场上升还是下跌取决于其在进入区间震荡之前的走势。市场的震荡走势总会在某个时点转变为上升或下跌的趋势。

我一直强调，当交易者能够区分四种市场趋势的特点时，就能够很容易地确定到底应该建立多仓还是空仓，或者远离市场。当交易者确定了当前的市场趋势，并且这个趋势的特征随后发生了改变时，这表明市场的趋势可能或者已经发生了改变。同样，如果市场继续保持这些特征，就说明市场的趋势和思维连续性仍然是有效的。

交易者必须对每种市场思维连续性都保持敏感。

在前面的例子中，我使用支撑位和阻力位的概念阐述了牛市和熊市的概念。尽管这种方法很简单，但是直至今日，我仍然在使用这种方法。诚然，我也知道有更精确的指标可以用来分析市场的趋势和特征，但是关键在于我已经把这些特征内化到自己的信念和参照当中了。当交易者依照自己的优势设计属于自己的交易策略时，就是对市场特征进行内化的过程。

例如，我的兄弟弗兰克习惯使用趋势线，他能够准确地画出牛市的趋势线——如果趋势线被打破了，那就表明牛市可能遇到麻烦，或者牛市正在准备加速上涨。虽然趋势线的画法有无数种，但是弗兰克基于自己的研究和经验掌握了自己的画法。虽然我们对于趋势线的画法有不同的意见，但是我们的方法都是有效的。我们各自有一套属于自己的工具，并且相信这套工具能够为己所用，这给了我们勇气和信心。另外，这些工具能唤起我们的直觉，让我们把正直的品格融入交易当中。同时，我们还保有灵活性。

以上就是本人技术分析的基石。时至今日，当我在观察市场，寻找行情时，依然会使用这些策略。尽管它们看起来或许很简单，但是我向你保证，如果交易者参考点图在快速变化的债券市场上进行交易，那么交易方法的简便性对于结果至关重要！

许多朋友问我，为什么我能快速地确定走势图上的趋势。我觉得是经验使然，但是这种经验又来自我每天运用的指标。这个指标就是RSI。RSI是由韦尔斯·怀尔德发明的，他在1978年出版的《技术交易系统新概念》(New Concepts in Technical Trading Systems)中对其进行了讨论。他通过深入研究，发现RSI有许多功能。

一个分析指标要具有普适性，这一点非常重要。如果一个指标是有效的，那么这个指标应该适用于所有的时间期限分析，无论是点图还是月线图都应该有效。RSI经常被用来：①分析趋势；②发现趋势变化；③设定价格目标。

RSI是一种衍生的动量"振荡器"，深受股票和期货交易者的欢迎。对于传统的"振荡器"指标，如果市场价格出现反复波动或者大幅波动，该指标往往会出现失真，即使价格的实际波动并不大，指标也会大幅波动。

假设交易者使用以10天为周期的某个指标（rate of change，ROC），价格在10天前出现了大幅波动，但之后保持了平稳。因此，最近两天的ROC几乎没有发生变化。假如把时间向后推一天，并且价格保持稳定，很多人会以为指标不会有什么变化。但是实际上，指标会发生很大的变化，因为11天以前（距离现在）大幅波动的那个价格，已经从当前的计算公式中剔除了。

另外，传统的"振荡器"不设阈值范围。因此，为了确定市场处于超买还是超卖，交易者必须参考历史数据，确定指标在历史上的高点和低点。RSI 不但能够消除失真，还能将阈值范围设置为 0 ~ 100。

许多关于技术分析的书籍在计算 RSI 时，都采用 9 天或者 14 天作为分析周期。时间周期越长，灵敏度就越低，振幅也就越小。我喜欢将 14 天作为计算 RSI 的周期，因为这个周期我用着顺手。巧合的是，这个周期还等于月球对地球环绕周期的一半。本书关于 RSI 的讨论，无论是小时图还是月线图，都以 14 作为周期。为了体现出更好的敏感性，有些交易者会采用 9 作为周期计算 RSI。

计算 RSI 至少需要 90 天（或对应周期）的时间序列数据，如果数据少于 90 个周期，RSI 就是不准确的。我喜欢至少包含 200 个周期的数据。换言之，如果我基于 5 分钟图（每根 K 线代表 5 分钟）进行交易，我希望数据中至少包含 200 个周期，也就是 1000 分钟的数据。

几乎所有技术分析的书籍都会指出，RSI 高于 70 显示属于超买区域，RSI 低于显示 30 属于超卖区域。需要清楚一点，任何"振荡器"指标（包括 RSI）都会在熊市中显示超卖，在牛市中显示超买，并在很长的时间段内持续显示超卖或超买的状态。

怀尔德认为，RSI 的最大价值体现在能够显示 RSI 与价格之间的背离关系。如图 16-2 所示，当价格继续走低，而 RSI（低于 30）未再创新低时，就会出现牛市看涨背离，c 点的 RSI 高于 a 点，但价格却更低。看跌背离则相反。如图 16-3 所示，70 的 RSI 为阻力位，而 30 的 RSI 为支撑位。交易者要在 RSI 大于 70 时，寻找熊牛看跌背离，在 RSI 低于 30 时，寻找牛市看涨背离。

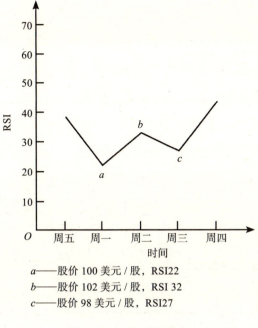

图 16-2 牛市看涨背离

以上几乎涵盖了大众对 RSI 的全部认识。然而，交易者所理解的只是安德鲁·卡德韦尔展示的一小部分。

许多交易者并不知道 RSI 会在上升趋势中发生区间转换，因此在牛市中，RSI 超过 80 以后，才会形成超买。这就需要支撑位对应向上移动。相反，在熊市中，超卖要等 RSI 移动到 20 以下才会形成，熊市中的阻力位也要随之向下移动。

上升趋势市场的支撑位通常在 RSI 为 40 的区域，阻力位在 RSI 为 80 的区域。下跌趋势市场的阻力位通常在 RSI 为 60 的区域，支撑位在 RSI 为 20 的区域。一般情况下，RSI 能够最早表现出市场由熊转牛的特征。如果发生了这种逆转，RSI 会从之前在 60 的阻力位，上升到 70 或者更高的水平，之后在回撤时，RSI 会下降到 40 左右，然后回升。

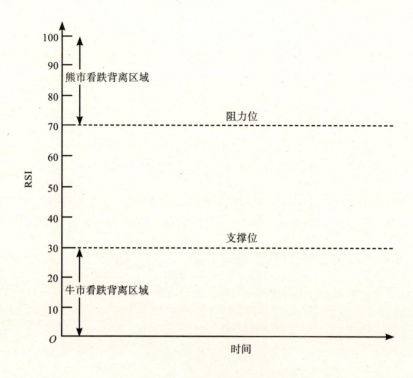

图 16-3 怀尔德的 RSI 图

当 RSI 突破了支撑位或阻力位时，就会发生区间转换，形成新的支撑位或阻力位。换言之，如果市场的趋势向上，RSI 会一直处于 40～80。当 RSI 下降到 40 左右时，多头总会找到理由继续做多。如果 RSI 下降到 40，但多头并未做多，导致 RSI 继续下降至 30，那么很可能发生了区间转换。当 RSI 出现回升，但未能超过 60 时，就可以确认已经发生了区间转换。当 RSI 降到 40 以下时，趋势很可能即将发生变化。一般来说，交易者关注区间转换是因为 RSI 是一个动量"振荡器"，能够引领价格走势。换言之，由于动量能够衡量价格变化率，它会先于价格下跌而下降。因此，在上升趋势中，会出现价格继续走高，但 RSI 无法继续上升的情况。

如图16-4所示，如果RSI在40～80波动，就是牛市的迹象！同样，如果RSI在20～60波动，就代表熊市！每次当我观察大宗商品和股票的走势图时，我都会看RSI。我会看看RSI处于哪个区间，以此确认价格波动传递的信息，以判断市场趋势。RSI也会在自身的顶部和底部形成阻力位和支撑位。阻力位一旦被突破，则会形成新的支撑位。同样，支撑位一旦被突破，则会形成新的阻力位。如图16-5所示，债券在6个月内从118点的低点反弹到135点，而RSI保持在40以上。另外，7月初（g点）和8月初（h点）的RSI出现回升，并且成为9月RSI下降时（i点和j点）的支撑位。

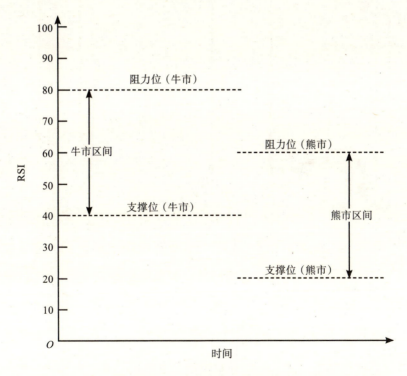

图16-4　卡德韦尔的RSI图

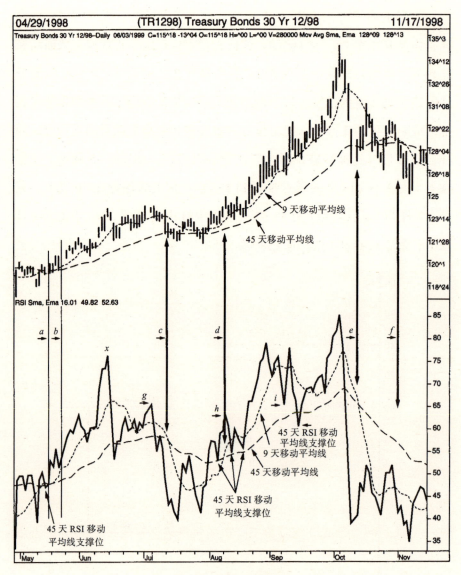

图 16-5 趋势判断图

交易者总是希望能够直接观察价格和 RSI 的关系，以寻找支撑位和阻力位。我的交易系统能够在上方显示股价的 K 线，在下方显示 RSI。然后，我会标记 RSI 反转点对应的价格，观察 RSI 本身能在多大程度上形成有效的阻力位和支撑位。在一个具备趋势性的牛市中，几天前或几周前的阻力位会变成现在的支撑位。这些都会在价格和RSI图中显示出来。

与价格走势图一样，在RSI上也可以画出趋势线。在价格图上，如果沿着三个逐步抬高的底部画一条趋势线，可以预期当价格第四次回落到趋势线上时，就会形成支撑。如果价格跌破了趋势线，价格往往会回抽，应重新测试趋势线的有效性。这是因为多头会试图让价格再次上穿趋势线。这次价格回抽位于牛市趋势线的下方（这条趋势线之前起支撑作用，现在起阻力作用），这说明牛市和熊市是截然不同的。同样的规则也适用于RSI，而RSI往往会先于价格出现趋势线的突破。

双顶、双底、对称三角形、看涨楔形、看跌楔形、下降三角形和上升三角形等都可以在RSI图上找到，并且都是有效的。同样，交易者也可以看到回撤38%、50%和61%的RSI——这很有趣！我会寻找这些图形，并将其应用到分析当中。最常见的一种图形是对称三角形，我发现RSI在对称三角形内停留的时间越长，后面的突破就越猛烈。

RSI介于0~100。还有一种观察RSI的方法：当RSI为60时，RSI继续上升的概率为40%；如果RSI为81，那么其继续上升的概率就只有19%。迄今为止，我还从未见过牛市中RSI远远大于90的情况。在一个强劲的上升或下跌趋势中，市场将持续保持超买（RSI 70以上）或超卖（RSI 30以下）的状态。通常，当RSI过高时，在与当前趋势相反的方向上，所有波动都会被放大；而在与当前趋势相同的方向上，所有波动都会受到抑制。这种价格波动会与RSI形成背离，如图16-5所示（6月）。此时，债券价格创下新高，RSI上升至略低于80（x点）。14天后，价格再次与之前持平，但RSI（g点）却低于70。随后，价格下跌至 7 月中旬，相比 5～6 月的反弹，回撤了 1 个百分点。

然而，RSI 却几乎回撤了之前的全部升幅。g 点和 h 点重现了这种情况，h 点的价格高于 g 点，但 RSI 更低，我们称之为背离。当动量无法反映价格波动时，就会产生背离。换言之，当价格创出新高，但 RSI 未能创出新高时，即会产生看跌背离。相反，当价格创下新低，而 RSI 未能创出新低，即会产生看涨背离。图 16-2 显示了牛市看涨背离，图 16-6 显示了熊市看跌背离。

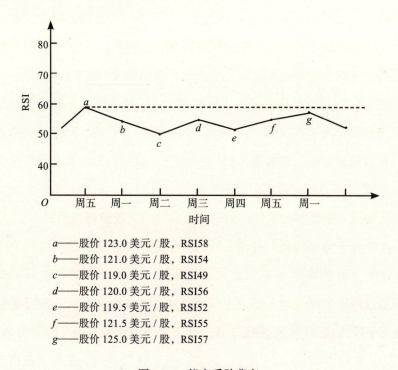

a——股价 123.0 美元/股，RSI58
b——股价 121.0 美元/股，RSI54
c——股价 119.0 美元/股，RSI49
d——股价 120.0 美元/股，RSI56
e——股价 119.5 美元/股，RSI52
f——股价 121.5 美元/股，RSI55
g——股价 125.0 美元/股，RSI57

图 16-6　熊市看跌背离

之所以称为熊市看跌背离和牛市看涨背离，是因为出现熊市看跌背离之后，一般交易者都会抛售，导致价格下跌，而在出现牛市看涨背离之后，一般交易者都会买入，导致价格反弹。许多交易者会不自觉地把熊市看跌背离和熊市联系起来,把牛市看涨背离和牛市联系起来,但是这种联系是完全错误的。要想判断市场的走向,最重要的是持续地寻找背离。

接下来我要说的,对于那些初步了解背离的交易者来说,可能会让他们感到匪夷所思。每当我发现了熊市看跌背离时,我都觉得这是要进入牛市了!每当我发现了牛市看涨背离时,我都觉得熊市可能要开始了!是的,我知道这和课本上写的背道而驰。

关键在于,上升趋势中会反复出现熊市看跌背离,下跌趋势中会反复出现牛市看涨背离。如果你感到难以接受,看看日元从1995年7月到1998年8月的RSI吧。在日线图上很难找到熊市看跌背离,在跨度为3年的周线图上也没有。如图16-5所示,在1998年5~10月的上涨中,没有出现牛市看涨背离,只有熊市看跌背离!10月下旬,RSI确实出现了牛市看涨背离,但是价格走势又如何呢?这也是我看重的分析方法。大多数交易者都会亏损,既然他们会在出现熊市看跌背离时抛售,并且在建立空仓后转而看跌,那我就等着买入好了!

背离是动量指标产生的,背离一般在动量指标的高点或低点上出现。当牛市处于超买状态时,价格会失去进一步上涨的动力,之后价格出现调整,但趋势不一定会改变。换言之,当出现熊市看跌背离时,表明市场目前处于超买状态,因此价格可能会出现震荡,交易者可以平掉部分多头头寸获利了结。但是,这并不意味着交易者应该反手做空。

背离需要经过一定的时间才能形成,强度则取决于时间跨度。随着背离强度提高,价格出现回归的概率也会提升。一个周期为5天的背离比周期为20天的背离的强度要大得多。接下来,我讲一下如何计算背离的时间周期。假设在过去几周,价格一直在上涨(日线图),价格和RSI都创下新高,如图16-6所示。在接下来的两天里,价格和RSI都出现下降（b 点和 c 点），然后价格和 RSI 反弹了 1 天（d 点），之后价格和 RSI 又出现下降（e 点），然后又反弹两天（f 点和 g 点）。在反弹的第二天收盘时（g 点），价格高于 6 天之前的 a 点，但 RSI 仍低于之前的峰值。这是一个为期 6 天的看跌背离。我们在 RSI 的高点（a 点）上进行标记，然后计算 RSI 的天数，得到背离的时间跨度。一个为期 6 天的背离，通常意味着价格可能会出现震荡。而周期较长的背离，一般表明价格出现震荡的概率较低。2～3 天的背离是强度最大的。RSI 产生的背离信号相对较少。我习惯通过背离去判断市场的整体趋势，并在多种合约的组合中运用背离对部分头寸进行获利了结。

另外一种判断趋势的常用工具是移动平均线。移动平均线能够消除波动性，因此很有价值。计算 RSI 的 14 天移动平均线，可以有效消除过去 14 天中 RSI 的波动性，产生更为平滑的信号。我喜欢使用 9 天和 45 天的移动平均线，我会计算价格和 RSI 的 9 天和 45 天的移动平均线，一共 4 条，并同时运用，以此确认趋势。通过这种方式，我可以快速判断趋势，如图 16-5 展示了 4 条移动平均线是如何相互作用的。

▶ 当价格的 9 天移动平均线高于 45 天移动平均线，且 RSI 的 9 天移动平均线高于 45 天移动平均线时，趋势是上升的（图 16-5 中的 b 点和 d 点）。

▶ 当价格的 9 天移动平均线低于 45 天移动平均线，且 RSI 的 9 天移动平均线低于 45 天移动平均线时，趋势是下跌的（图 16-5 中的 a 点之前的部分和 f 点）。

▶ 当价格的 9 天移动平均线高于 45 天移动平均线，而 RSI 的 9 天移动平均线低于 45 天移动平均线时，趋势是震荡上升的（图

16-5 中的 a 点和 c 点）。

- 当价格的 9 天移动平均线低于 45 天移动平均线，而 RSI 的 9 天移动平均线高于 45 天移动平均线时，趋势是震荡下跌的（图 16-5 中的 c 点和 e 点）。

由于 RSI 是动量"振荡器"，并且往往先于价格变化，因此 RSI 的 9 天移动平均线会先上穿 45 天移动平均线，之后价格的 9 天移动平均线才会上穿 45 天移动平均线。我更看重价格移动平均线的表现。我曾经和某位交易者谈起，当价格的短期（9 天）移动平均线高于长期（45 天）移动平均线时，移动平均价格为正。当两条移动平均线向同一方向运动时，价格的变化最为显著（如图 16-5 中 b 点到 c 点和 d 点到 e 点）。

还有一点关于移动平均线的知识。45 天移动平均线上的点通常会成为价格或者 RSI 的支撑位或阻力位。例如，在牛市中，价格和 RSI 可能会回撤到 45 天移动平均线的位置，如图 16-5 所示。在实际交易中，这表明多头将 45 天的价格移动平均线作为支撑位，以此做多。

我在判断趋势时，会问以下几个问题。

- RSI 的区间是什么？发生区间转换了吗？
- 市场是由主导力量控制，还是已经突破了压力位或支撑位，发生了主导力量的变化？
- 价格或 RSI 的重要趋势线是否被突破了？
- 当前属于哪种类型的背离？
- 移动平均线传递了哪些信息？

这些读者可能已经比较熟悉了，但是我在分析市场时仍然使用这些分析，因为我希望能够迅速地判断出市场的趋势。

当交易者设计出属于自己的方法时，最重要的是确保这种方法具有普适性，能够适用于不同的时间周期。虽然标准普尔指数的5分钟图和月线图会有差别，但是两者的总体特征是相似的。交易者的目标是要快速判断出市场的思维连续性，此时不用考虑具体的交易操作，只需要判断市场的趋势类型。

请记住，即使交易者能够判断出市场的趋势类型，也没有什么大不了的，因为这些都是过去的信息。套用艾萨克·牛顿爵士的话来说，除非市场的思维连续性发生变化，否则市场将继续朝着最初的方向运行。但遗憾的是，思维连续性也可能会瞬息万变。

这里恰恰是交易新手会犯下致命错误的地方。他们通过大量研究，运用自己的方法判断出市场正在熊市当中，于是他们迅速建立空仓。但是第二天，市场的思维连续性发生变化，出现了反弹。这时，他们的自我让他们继续持有头寸。在市场反弹时，他们仍然坚持市场为熊市的观点，并且坚信自己是正确的，等待他们的将是追加保证金的电话，以及最终割肉出局的结局。

交易者要时刻提醒自己，自己是在运用历史数据判断市场的思维连续性。虽然市场会受到历史价格走势的影响，但是当下的思维连续性始终体现在市场的当前走势上！交易者的目标是判断出交易时段内的思维连续性，并且在遇到麻烦时能够全身而退。市场今天的表现在一定程度上也会预示明天市场的表现。应在市场的当前走势与交易者自身的看法一致时进入市场，这样才能够提高交易者从市场趋势中获利的概率。

判断市场趋势对交易者的长期成功至关重要，然而市场在某个时段内的特定趋势并不能保证市场会始终朝着这个方向运行——那仅是一种可能性。

| 第 17 章 |

进出市场的策略

趋势往往会持续下去,直到难以为继。这就是为什么上帝创造出了"停下来"这个词。

——弗兰克·格雷茨

只有以下两种情况是安全的:①在指数破底之后买入;②在泡沫破灭之前卖出。对于熊市而言,这意味着在出现头部迹象时建立空仓,在跌过头之前适时平仓。

——伯纳德·E.史密斯

一旦交易者确定了市场的思维连续性，就需要决定如何以此盈利。我们都知道，每位优秀的交易者都有属于自己的交易方法，可以指导自己进出市场。交易新手的目标就是找到进出市场的交易方法，并且持续运用。

交易者的方法涉及如何判断市场趋势、如何定义风险。这些都与交易者的信念和资金管理方法有关。交易者的风险承受能力不同，因此各自的交易方法也不同。

假设交易者判断市场即将上涨，以下是交易者的部分做多策略。

1. **等待价格回撤。**

- 回撤至牛市趋势线。
- 回撤至前一高点的某个百分位。
- 回撤至前一个阻力位。
- 回撤至前一个支撑位。
- 回撤至某个价格，直到公式表明回撤接近结束。

2. **等待价格继续上涨。**

- 直到突破某个公式计算出来的价格。
- 直到突破前一个支撑位或阻力位。

3. **先进行数学分析，之后再操作。**

4. **一旦看跌的思维连续性被打破，立刻建立多仓。**

5. **一旦技术分析和基本面分析结果相同，也就是说在两种交易方法都看涨时，立刻建立多仓。**

除了上述策略之外，交易者还会因多种原因建立多仓，本书对此不进行穷举。关键在于交易者必须设计出属于自己的方法，让自己每次都能在牛市时进场。交易者设计的方法最后很有可能都能够归类到上述策略之中。

你能掌握多种建立多仓的技巧吗？当然可以，你可以为每种交易方法找到对应的规则和信念，你也可以为建立多仓找出各种理由。如果交易者能够掌握进入市场的准确规则，就能够不断审视这些规则的基本逻辑，并判断出每种交易方法能否盈利。但是请注意，我们并不在乎交易方法是否合乎逻辑（如果合乎逻辑，当然更好），我们只在乎这些交易方法能否量化和重复，并且产生盈利。

比如，当市场呈现出很强的思维连续性时，交易者可以用一套交易方法建立多仓。当趋势为震荡（上升或下跌）时，交易者可以用另一套交易方法进行交易，而当思维连续性被打破时，交易者还有其他的交易方法应对！然而，这些交易方法必须能够量化和易于执行，因为市场会发生频繁而迅速的变化。

交易者在开始设计进场交易方法时，头脑中要绷着一根弦，时刻想着应该如何退出。进场价格和退出价格哪个更重要呢？对于资深的交易者来说，设计一个合理的退出交易方法更为重要，这是因为交易者在空仓时，理性思维不会受到情绪思维的过度干扰。然而一旦进入市场进行交易，情绪就会影响交易者的感知和判断。士兵在战争中能否活下来，往往取决于将军内心是否冷静和客观。交易者的退出交易方法主要是用来对抗自己的情绪和自我的。

要想设计进出市场的交易方法，最好先确定出一套完整的交易策略。重读一下前面关于建立多仓的策略，然后自问一下为什么自己会选择其中某种策略。请重读并思考之后，再继续阅读本书后面的内容，答案不分对错。

下面是交易者可能抱有的一些信念，可以说明为什么有人会以高于现价的价格买入股票。

- 通过持续上涨，市场已经表现出价格进一步上涨的意愿。
- 通过等待价格上升，市场表明价格可能会继续上涨。
- 通过等待价格突破阻力位，市场表明多头已经牢牢掌控局面。

下面是一些交易者抱有的信念，说明为什么有人愿意等待价格出现回撤。

- 交易者可以设置窄幅的止损，以等待验证趋势线的有效性，因为趋势线往往会成为有效的支撑位。
- 交易者认为市场可能会回撤33%、50%或66%。在回撤出现之后，交易者可以在更好的价格上建立多仓，降低止损的概率。
- 交易者可以等待，以验证前一个阻力位或支撑位的有效性。对多头来说，阻力位在突破之后会变为支撑位，之前的支撑位仍然是支撑位。因此在这里开仓可以降低止损造成的损失。
- 交易者可以等待价格回撤，找到牛市复苏的特定形态，从而更合理地设置止损点。

交易者会等待程序给出进场信号之后，再建仓进场，这是因为他们能够通过程序识别出市场的特定形态，从而提高胜率。

交易者在发现看跌思维连续性被打破时，立刻建立多仓，可以先人一步进入市场。交易者在发现技术分析和基本面分析结果相同时进场，是相对安全的。因为此时无论是技术交易者还是基本面交易者，都相信多头已经成为市场的主导力量。

交易者需要清楚一点，世界上没有完美的进场交易方法。如果有，也只能由交易者自己去选择。无论交易者采用哪种交易方法进行交易，都必须认同交易方法的基本原理，并且能够将交易方法进行量化和运用。

请谨记，世界上没有交易的"圣杯"。交易者要对如何看待和进入市场负起自己的责任。

如果未能按计划进行交易，该如何处理，如何退出？通过以下方式，交易者将能够形成独特的分析视角：学习市场规律，学习不同的基本面和技术分析方法，设计判断市场趋势和进出市场的交易方法，学习使用风险参数。

有关交易的比喻

交易者可以通过比喻的方式描述自己对市场的判断，这样做的好处是能够将自己的信念融入现实当中。比喻可以是积极的，也可以是消极的。积极的比喻能够对交易产生助力，消极的比喻则会让人产生迷茫。用一句话来展示你的比喻吧："交易是……"

"交易是一场战斗"这个比喻承载了多种情绪。如果交易是一场战斗，是否意味着一不小心交易者就会被干掉？是否意味着，交易者需要高度关注亏损的交易？是否意味着，交易者会在不经意之间失去经济来源？是否意味着，交易只是一场战斗而不是全面的战争？这个比喻到底表明哪种意思呢，哪种能够唤起交易者的品格呢？

"交易是一盘三维的国际象棋"这个比喻带有的负面情绪可能比"交易是一场战斗"要少一些，而"交易就像跳华尔兹"附带的负面情绪就更少了。如果交易者把交易看作像"雄鹰般翱翔"，那么这会对交易产生怎样的影响呢？

如果不深入研究交易者的交易方法和信念，就无法判断出这些比喻是积极的还是消极的。但是，把交易视为战斗的交易者，很可能会比把交易看作跳舞的交易者，更能够认真地看待交易。比喻为交易者创造了一个情境，让他们能够在交易中坚守信念。比喻是不分对错的，但是比喻有积极和消极之分。这些比喻会影响交易者对市场的看法，以及对交易方法的选择。

以下是不同交易者对市场和交易的比喻。

"市场就像两军对垒，我要做的就是搭上胜利一方的押粮车。"

"交易是一种洞悉他人心理的能力。"

"每次进场，我都感觉自己像是跳进了鲨鱼池，好像我就是鲨鱼的午餐。我想赚钱，因此必须等到指标完美共振（符合要求）时，我才会进场。"

"交易就像小孩子玩捉迷藏。我会安静耐心地等待机会，然后进场！"

如果一位交易者过去9天平均每天亏损10 000美元，现在已经销户，你觉得他会把交易比作什么？哪些交易者会给市场最好的比喻？哪些交易者在压力之下交易，又有哪些交易者在放松的状态下交易？

我之所以提到比喻，是因为比喻能够影响交易者的感知，而交易者的信念又会影响自己做出的比喻。比喻会影响交易者进场的方式。有些交易者喜欢抄底，有人习惯于技术分析和基本面分析，也有人只看基本面，还有人只看技术面。当交易者通过研究，开始判断市场趋势时，就会产生比喻。当交易者向别人解释市场趋势时，要注意自己所使用的比喻是积极的还是消极的。大脑会决定是否要使用消极的比喻，前文提到的那个亏损的交易者就对市场抱持消极的比喻。他在比喻中体现了鲨鱼池的负面含义，并且他还提出"指标必须完美共振"这种难题。以"完美"作为目标很容易失败，因为现实世界中不存在完美。因此，交易者不能认为一切都能够顺理成章地好起来，这样是很难进入市场的。如果你也认为进场就是自己跳进鲨鱼池，你也会很难进入市场！

要让多个指标完美共振几乎是不可能的。一般情况下，当交易者看到指标"接近"完美共振的时候，共振已经结束了，所以交易者一般都在共振发生之后才进场交易！我发现，如果比喻暗示了我可以预测价格走势的话，我就会焦虑并倍感压力。以下是我对市场的比喻。

市场就像围棋。围棋是在纵横线交错的棋盘上进行的，而交易则是在价格和时间组成的平面上进行的。在棋盘上，我依靠智力下棋，而在交易中，我依靠信念和品格面对市场。我会把棋子落在能够让我产生优势的点上，而我进场交易的时间和价格都是我预先确定盈利的关键位置。

我的比喻包含信念、参照和价值观，能够让我自信地进出市场。我花了很长的时间才提炼出这个比喻，尽管这并非我的本意。如果你不理解，也不用担心。你需要把自己想象成一名围棋手，才能开始理解这种感觉。

退出和止损

随便拿出一本有关技术分析的书，你可能都会发现目录里面有止损的条目而没有退出的条目。这是为什么呢？难道退出策略很少被人讨论，所以不重要吗？止损和退出有哪些区别呢？

一般情况下，交易者会用全部精力去研究如何及何时进入市场。经过大量研究，他们发现自己已经能够判断出牛市、震荡上升、震荡下跌和熊市了。之后，他们会花费少量的时间研究退出策略，毕竟退出策略还是要有的。

实际上，退出策略至关重要。交易者的退出策略与自己的进场策略和风险承受能力息息相关。很多交易者根本不考虑退出策略，因为他们的退出策略和止损策略是一样的！这并不奇怪，因为讲技术分析的书都只强调进场策略。实际上，退出策略和止损策略之间差异巨大。

有效的退出策略能让交易者保住盈利，而不仅仅是被动止损。但不幸的是，许多交易者都眼睁睁地看着本应该盈利的交易，最后被动止损。那么，退出策略和止损策略的区别在哪里呢？想设计一个有效的退出策略，需要交易者对市场进行跟踪监测，比设计进场策略要付出更多努力。而一般情况下，止损策略是自动化的。退出策略之所以要耗费更多的精力，是因为在交易中，交易者的消极信念会产生削弱感知能力的情绪，要克服这一点需要付出大量的努力。

退出策略中应当包含再进场策略

如果交易方法提示市场的思维连续性已经被打破，交易者可能会平仓退出。但问题是退出之后，交易者能够再次进场吗，需要等待什么样的进场信号呢？由于自我的存在，交易者设计退出策略需要额外付出更大的努力。许多交易者目睹了市场的大涨大跌，他们有很多人未能在第一时间退出交易，也不知道该如何再次进场，因此他们宁愿被动止损出局。即使交易者确信市场的思维连续性已经被打破，交易者的信念仍然会虚构出多种理由，让交易者继续留在交易当中。交易者需要再次进场的策略和方法，以便自己在市场的思维连续性恢复之后能够进入市场交易。

其中最重要的一点，是要掌握一种可以量化的方法判断市场的趋势。交易者必须能够找出驱动市场趋势变化的原因。如果交易者在退出交易之后，总是以一个不利的价格重新进入市场，那么他就需要改进识别市场趋势的方法。市场会用K线教育交易者，因此交易者需要明确自己进行交易的信念，还需要持续运用感知力摆脱消极的信念。只有这样，交易者才能改进自己的交易方法。

使用退出策略会面临一个挑战，那就是交易者需要退出一笔盈利的交易。市场从来不会涨到天上去，也不会跌到地板，每次市场波动都会有短期或者长期的力量相互抗衡。如果根据退出策略，交易者在第一次遇到阻力位时就进行平仓，那么交易者很可能会过早地退出盈利的交易。但是，如果交易者挑战了太多次阻力位，很有可能会亏损很多钱。实际上，如果交易者要挑战多次阻力位，那么他的止损点可以设置在比退出价格略低的点位上。

下一章我们会深入探讨资金管理策略。退出策略必须和止损策略相互配合，因为交易者都希望能在降低损失的同时，尽可能地提高盈利。

还有一个令人为难的问题。如果退出策略的要求过于容易被触发，那么交易者会从一个长期上涨的趋势中过早地退出，并且可能会再次追高进场，这样会对总体盈利产生不利影响。类似地，假如市场趋势和预期不一致，交易者也可能会亏本退出。但是，如果交易者等到趋势发生明显变化时再进行退出，会亏掉更多钱，因为在等待趋势变化的过程中，交易者需要承受市场的大幅回撤，并且有可能触发保护性止损，这将导致交易者整体亏损或者盈利大幅降低。那么，交易者应该怎么做呢？

举例来说，假设我运用一个简单的方法：基于周数据运用RSI。当看跌背离出现时，定义市场趋势为上涨，当看涨背离出现时，定义市场趋势为下跌。如果在熊市的反弹中K线图发出了看跌信号，我会建立空仓。我的退出策略是，在出现看跌背离之前，一直持有空头头寸，在出现看跌背离之后，我会择机平仓。我将把出现看跌信号的 K 线图那一周的周线价格区间除以 2，加到空仓成交价上，以设置我的止损价格。

再举一个例子。看一下日元的周线图，我发现在 1996 年 2 月 9 日出现了一个看涨背离，在 1996 年 2 月 23 日出现了一根看跌 K 线，表明反弹结束。因此，我随后以 9576 日元的开盘价建立空仓。之后我持有空头头寸继续观察。如果我以周为周期设计退出策略，那么我必须接受一点，即如果市场趋势变化的话，我会亏很多钱。

我发现为了能基于退出策略锁定更多的盈利，我需要在更短的周期上进行操作，比周线时间周期更短的是日线。我会在日线级别上，等待思维连续性由看跌变为看涨，因此我需要改变退出策略，在日线图出现看跌背离时退出。如果趋势发生了变化，我会在第二天平掉空头头寸。我在 1996 年 4 月 23 日以 9446 美元的价格完成退出，赚了 1625 美元。

在平仓之后，我开始关注周线和日线。如果周线图上出现了一个看跌信号，我会建立空仓。如果日线图也发出了同样的信号（一个看涨背离加一根看跌 K 线），我会根据日线图重新进场。在这个例子中，周线图没有发出看跌信号，但是在 1996 年 6 月 11 日的日线图上出现了一个看涨背离。之后，1996 年 6 月 20 日，在熊市反弹之后出现了一根看跌 K 线，收盘在 9401 美元。因此，我在第二天（1996 年 6 月 21 日）开盘时建立空仓，成交价为 9354 美元。我以周线图为基础设置止损点，并持续观察周线图和日线图，以便进行退出。这笔交易也成功了。1997 年 6 月 12 日，我在价格为 8760 美元，出现看涨背离之后退出，盈利 7425 美元。

这种综合运用时间周期的策略在其他的技术分析书籍当中，几乎未被讨论过。这很遗憾，因为这种策略非常有效。举这个例子并不是为了演示什么神奇的方法（这种方法能够盈利但并不神奇），而是要说明如何将退出策略（与再进场策略）和止损策略进行结合，从而完善交易方法。研究不同的时间周期需要付出大量的努力，许多专业交易者都基于一个时间周期进行决策，而有些交易者则会运用多个时间周期。我有一位纽约的朋友，他可以运用不同时间周期和高级的数学方法，从5个维度分析市场并进行交易。关键在于，交易者必须根据自身情况，设计出属于自己的交易方法。

有意思的是，如果在较短的时间周期上（在本例中为日线）出现了牛市的思维连续性，那么当周线图（我当前使用的时间周期）出现看涨信号时，我就会建立多仓。

我要强调一个运用多时间周期的要点。所有的时间周期均有优点和缺点。大机构的交易员倾向于使用月线和周线，因为这方便他们对大规模合约进行调仓，同时不会对盘面产生显著的影响。周线图的波动性会小一些，思维连续性也更持久。与较短的时间周期相比，使用月线和周线数据的交易者要把止损点设置得远一些。大部分交易者会以日线图作为参考。日线图的波动率自然更高，止损点也应设置得更近一些。使用小时图、分钟图和点图的交易者会面对最大的波动率，应设置最近的止损点。

无论交易者用哪个时间周期进行交易，都可以同时运用长短两种时间周期分析市场。而一旦确定了时间周期，就需要坚持运用，并且交易者还要能够捕捉到时间周期发出的每个信号。当然，这里应该注意，如果更长的时间周期上出现了趋势变化的信号，那么交易者应该减仓甚至空仓。交易者需要事先安排好如何在长时间周期上进行交易。

再举一个例子。玉米的日线图上出现了一个看跌信号，但是周线图显示，当前看跌的思维连续性可能已经出现了转变。因此，我决定不理会日线的看跌信号。这时，我不知道玉米价格是会继续下跌还是会进入牛市。我只知道，我在此时看到的是看跌的思维连续性可能已经出现了转变。至于空头是否会重新建立看跌的思维连续性，仍然有待观察，但是我敢肯定，如果空头重建了看跌的思维连续性，我会在自己的能力范围内尽快建立空仓。

进场策略和退出策略相互交织，并且与交易者的认知紧密相关。没有完美的策略。同样，只要策略经过了设计、回测、改进和实测等步骤，就不存在"不正确"一说。当然，也有错误的方法，那就是直接照搬他人的策略。交易者这样做既无法将策略进行内化，也很难持续运用。运用其他人设计的策略在本质上并没有错，只是交易者需要自己进行回测和验证，确保这个方法适合自己。

我真诚地希望读者能够明白，把自己的信心建立在计算机交易程序或者交易书籍上面，注定是一条痛苦之路。交易者应该运用自己的交易方法确定市场的思维连续性和进出策略——这本身并不容易。当然，话说回来，如果这件事很容易的话，那么每个人都应该进场交易，然后开着法拉利满街跑了！

| 第 18 章 |

资金管理策略

关注退出策略而不是初始的交易参数。大幅盈利是通过退出交易的风险管理实现的。

——克里斯托弗·卡斯特罗维耶霍

我在年轻的时候缺乏韧性,包括心理上和情感上的,以及最重要的——财务上的韧性。

——吉姆·罗杰斯

我会对股票的价值形成自己的观点,在股价开始从最高价下跌之后,我会对股价持看跌的观点,然后进一步强化这一立场。

——伯纳德·E. 史密斯

资金管理策略，又称风险控制策略，对于交易者至关重要，每位成功的交易者都会对此深表认同。交易者都曾经犯过错误，然后不断学习和进步，并且在进步的基础上不断学习新知识。然而很不幸，即使不断付出，不断地学习和进步，交易者依然会亏损。但是，那些具备风险控制能力的交易者，能够从错误当中幸存下来。如果缺少交易策略，交易者大概率会大幅亏损。交易的首要目标是保住本金，这是一切资金管理策略的基本内涵。

在我为 Lind-Waldock 公司（现为 MF Global 公司）工作期间，我发现交易新手和专业交易者之间存在一个显著的区别（除了信念），那就是专业交易者会遵循严格的风险控制流程，而交易新手不具备这样的意识。风险管理策略对于盈利影响巨大，其他影响盈利的因素还包括账户资金、交易方法和交易经验等。本章是本书篇幅最长的一章。如果没有保住本金的能力，在形成信念和方法之前，交易者的交易资本可能已经损耗殆尽了。

风险控制的重要性

风险控制策略比交易方法更加重要的原因在于，无论交易方法在研究和回测方面表现得多么出色，盈利能力有多强，最终都有可能导致交易者亏损。交易者的每笔交易都伴随着风险，交易最终是盈利还是亏损取决于交易本身。交易者希望管理好自己的资产，让资产呈现稳步增长的趋势。如果用图表来表示，那就是资产曲线应该呈现为一条稳定增长的曲线，曲线上伴有小幅度的高点和低点，就像一个向上倾斜的锯片，不应该出现大幅的波动和回撤。如果偏离太远或者波动幅度太大，交易者可能会亏掉全部交易资本。资产曲线如图 18-1 所示。

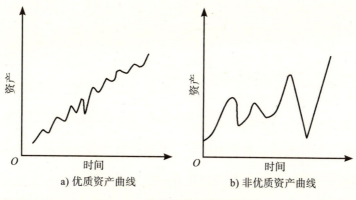

图 18-1 优质/非优质资产曲线

资金管理的实质

资金管理的实质,是交易者如何管理自己的资产。当人们想到风险和回报时,就必须时刻牢记潜在的盈利和亏损,以及盈利和亏损的概率。

非独立的

交易者的资产曲线取决于风险回报率。风险取决于市场固有的不确定性。风险在很大程度上取决于时间周期。

独立的

交易者的资产曲线独立于一切交易方法。交易方法应该能够反映潜在波动的风险回报指标(如双底或上升楔形)。

关键的区别

关键的区别在于上涨空间可以是无限的。股票可以上涨 50% 甚至是 500%,但是股票下跌空间是有限的,最多下跌 100%。

风险可以被定义为一笔交易或一揽子交易亏损的概率。许多交易新手把风险简单地定义为一笔交易可能亏损的金额,精明一点的交易新手会把风险定义为交易账户中全部资金的规模。

盈利是给予那些在正确的时间做出正确"事情"的交易者的回报。

"伟大的交易者可被评估"

无论交易者是以商品交易顾问（CTA）身份代客理财，还是受雇于基金公司，人们都会根据其业绩盈亏对他们进行评价，丝毫不关心这些交易者到底掌握哪些技术分析或基本面分析的技巧。技术分析可以指出价格波动的潜在风险和收益——例如，双底或者头肩顶的潜在的风险和回报如何。基本面分析也可以提供潜在的风险和回报指标。成功的交易者都知道，为了盈利，交易者需要真正理解风险和回报的概念。专业交易者会不断地努力以降低风险，并且自律地交易。

风险的影响因素

时间

如图18-2所示，交易者的风险通常会随着交易时间的延长而增加，但增速会下降。如果交易的时间周期较短，风险会相对较小。例如，依据5分钟图进行交易的风险会比依据日线图进行交易的风险低一些。一般来说，风险和时间周期是匹配的。风险会随着时间周期的缩短而降低，随着时间周期的延长而增加。

交易者进行短周期的交易是为了降低风险，而交易者进行长周期的交易，是为了提高盈利。交易者需要明白，风险会随着时间的推移而上升，但盈利并非如此。在非趋势性市场中，能否盈利取决于交易者进入和退出市场的时机。在趋势性市场中，进入和退出市场的时机则没有那么重要。随着时间的推移，风险会不断累积，但是风险累积的增速在不断下降。然而，盈利并非如此。因此，如果交易者持有微利头寸的时间过长，风险就会增加，这种风险足以抵消全部的潜在盈利。由于市场是不可预测的，交易时间越长，价格出现意外波动的概率也就越高。

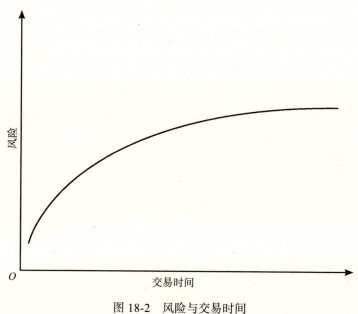

图18-2　风险与交易时间

波动率

波动率可用来衡量一定时段内的价格变化。衡量波动率的最佳指标是变动百分比。比如，如果价格从100美元涨到105美元，那么价格变化了5%，就像股票从每股20美元涨到每股21美元时，涨了5%一样。一般情况下，市场的波动率越高，风险就越高，反之亦然。波动率会随着时间的推移而发生变化。由于各种意外或者重要消息，市场很容易在一夜之间从低波动率变为高波动率。同样，由于一个突发新闻，高波动率的市场可能会突然之间转为平静。通常，后一种转变（从高波动率变为低波动率）需要花费更长的时间。因为和躁动相比，市场需要更长的时间冷静下来。

粮食市场就是一个很好的例子。由于天气可能会影响作物生长，粮食市场长期处于高波动率的状态。随着波动率的上升，风险和盈利也会上升。重要的是，不可避免的不可控风险（将在稍后讨论）也会提升。同样，盈利也可能会提升，但并不是板上钉钉的。许多交易新手都会忽略一点，尽管潜在盈利会随着波动率的提升而增加，但是不可避免的不可控风险也会提升。波动率较高的市场还存在滑移的问题。在快速变化的市场中，买卖价差会扩大，交易者会以匪夷所思的价格成交。一般来说，趋势性的市场会有较高的波动率，反过来却未必如此。非趋势性的市场也可能会有较高的波动率。对于许多交易者来说，进入一个波动率较高的市场可能会是令人头疼的经历。

因此，有些交易者认为波动率较低的市场更适合进行交易。但是，低波动率可能也意味着市场无法产生足够的价格波动让交易者盈利。风险回报率可能会表明这不是一个好的交易机会。低波动率的市场通常会出现随机价格波动（如操盘手正在控盘）或者交易价格拥挤。此外，低波动率的市场会使交易成本增加。买卖价差、佣金和缺乏价格波动还会使本已不丰厚的潜在盈利更低。交易者需要比较市场当前的波动率和历史波动率，并且最好在一个波动率适中的市场上进行交易。

不同的风险类型

可避免的风险

可避免的风险指在不影响盈利的情况下，可以避免或者降低的风险。例如，交易者可以使用限价指令，避免进入波动率过高和流动性较差的市场，或者以适当分散标的方式降低交易风险。我们后面会提到，在不具有相关性的多个市场上进行交易，可以大幅降低可避免的风险。许多交易新手会在下单环节出现错误，让自己身处原本可以避免的风险之中。当日成交指令和取消前有效指令（GTC）的区别很大，限价指令和市价指令也大不相同。交易者可以通过程序下单，把这种风险降低为零。

还有一种可避免的风险（当然有些平淡无奇）和经纪公司有关，包括交易所的电话线断了、互联网断网，或者恶劣天气影响了卫星信号。通过准备适当的预案，交易者可以减少或者消除这类风险。

随着交易量的增加，交易者可能会由于可避免的风险亏损。有时这种风险看上去平平无奇，后果却十分严重。1994年，我记得当时我正在交易债券，突然间卫星数据崩溃了。我立刻给同行打了电话，问他是否还能接收数据，他答复可以接收。我向窗外望去，发现外面下了大雪，而我因为过于专注居然没有发现。我赶紧跑出去清扫了卫星天线上的积雪，之后信号恢复了正常。有时候，无论交易者多么小心谨慎，一个偶然的意外事件都可能让交易者陷入风险。

不可避免的风险

在不影响盈利的情况下，有些风险是不可避免的。不可避免的风险包括两种：不可避免的可控风险和不可避免的不可控风险。

（1）不可避免的可控风险

每笔交易都有风险。交易者可以事先判断自身的风险偏好，看看自己能接受多大的风险敞口，以控制亏损。一般情况下，交易者可以通过设置保护性止损点实现这一点。换句话说，如果交易者以每股10美元的价格买入100股，可以将止损点设置在每股9.50美元，从而将风险控制在每股亏损50美分的水平。控制这种风险的难点在于，交易者虽然事先确定了风险敞口,但由于交易中可能存在不可控的风险,交易者无法将亏损完全锁定在预先设定的范围之内。

还有一种更隐蔽的不可避免的可控风险,那就是交易者可能会进行一连串无法盈利的交易。一般来说,交易者因这种风险亏掉的钱最多。交易者几乎都会经历一连串的亏损,但是通过使用适当的资金管理策略,亏损是可控的。处于风险敞口的交易资金是交易系统概率分布的函数,这一点我们将在稍后讨论。因此,如果不具备深入的数学知识,交易者将很难应对这类风险。

(2)不可避免的不可控风险

有些风险在交易前是无法确定和控制的,只有在进入交易或者退出交易时才会出现。换言之,交易者可以在每股9.50美元处设置止损点,如果股价突然下跌,交易者的止损程序就会被触发。但是,交易者的成交价可能会比每股9.50美元低得多(如成交价为每股9.00美元)。交易者一旦进入交易,就会面临不可避免的不可控风险,以下是最常见的几种。

1)隔夜风险。如果交易者在收盘后仍持有头寸,就会面临隔夜风险。由于隔夜的利空或利好消息,市场在第二天通常会以不同于收盘价的价格开盘。如果市场开盘价对交易者不利,交易者的亏损可能会超过预期。换言之,如果你在 $120\ ^{12}/_{32}$ 的位置做多债券,在 $119\ ^{31}/_{32}$ 设置止损点,而市场在 $119\ ^{20}/_{32}$ 的位置开盘,那么交易者的止损成交价将远低于预期。

为了消除隔夜风险,一些日内交易者会在收盘之前平掉全部头寸,这样做也会产生不利的后果。因为交易者会错过对自己有利的开盘价,同时也会增加交易成本(增加交易佣金和滑移)。事实上,这些交易者以较高的交易成本对冲了隔夜风险。隔夜风险有时还会伴随开盘时的流动性风险（增加日内交易者的滑移）。交易者可以研究开盘缺口的频率和大小深入理解隔夜风险。一般来说，很少会出现大幅度的开盘缺口，一般不会超过合约价格的 5%～10%。

2）流动性风险。市场有时会缺乏流动性，使交易者无法以满意的价格成交。一般情况下，当市场的流动性变差时，可能意味着市场处于转折点。当市场遭遇流动性危机时，价格通常会向一侧迅速偏离，产生价格滑移。通常在重要消息发布时，市场的流动性风险会增加。当流动性枯竭时，价格会出现真空，这可能是新闻事件导致的下单失衡，或者大量止损单集中提交造成的。

市场的流动性越差，价格滑移就越严重。每个市场都会遇到流动性问题，其中一些市场的流动性问题会比较严重。例如，债券的流动性很强，交易者可以在任何时点进场交易。而白糖和咖啡市场成交量较小，流动性相对较差。

一般很难确定流动性风险，这是因为一个正常的市场可能在相当长的时间内都不会遭遇流动性问题。然而，当市场出现一个意外事件时，流动性就有可能消失。确定流动性风险的最佳方法是查阅最近几天的点图，交易者可以逐点观察价格波动。如果点图显示交易是以一个或两个点的间隔成交的，那么市场便具有良好的流动性。如果交易是以三个甚至更多个间隔成交的，则说明市场的流动性较差。交易者要保证自己所观察的点图是正常交易日的。还有另一种确定流动性的方法，就是查看市场上交易合约的数量，一般来说成交量越大，市场的流动性就越强。

市场丧失流动性的极端情况就是涨跌停。有些交易所会限制价格波动的幅度，如果一方（多头或空头）无力反抗，就会出现涨跌停。这也属于一种流动性风险，即使交易者在跌停板上挂出卖单，也无法退出交易。

降低风险、管理风险与控制风险

每笔交易都有风险。成功的交易者清楚投资组合的风险，并且会尽一切努力降低风险。他们能够认同市场波动，接受交易中的一切风险。交易者为了降低风险，通常会构建多样化的投资组合。

多样化

多样化能够让交易者在降低风险的同时，提高盈利。一般情况下，交易者可以通过交易相关性较低的合约，或者使用不同的交易方法，构建多样化的投资组合。为什么交易者会在焦虑的时候降低投资组合规模，转而增加现金规模呢？因为现金与所有投资标的都不具有相关性。

为了构建多样化的投资组合，交易者必须理解相关性的概念。一种证券（股票、大宗商品或衍生品）可以和另一种证券具有正相关、负相关或中性的相关关系。具有正相关关系的两种证券会同步涨跌，如标准普尔500指数和道琼斯指数，它们通常会同涨同跌。而负相关的两种证券走势会相反，当一种证券上涨时，另一种证券会下跌。债券与CRB指数（路透商品研究局指数）就是典型的负相关关系。由于CRB指数跟踪美国的通胀水平，而债券会受到通胀的不利影响，因此，当CRB指数上涨时，债券价格就会下跌。图18-3显示了这种负相关关系。中性相关的市场，如橙汁市场和原油市场，两者没有相关性。

有趣的是，证券之间的相关性可能会在一夜之间发生变化。比如，债券有时与道琼斯指数正相关，有时则与道琼斯指数负相关。不同的市场可能会因为某些新闻事件出现相关性，也可能丧失相关性。

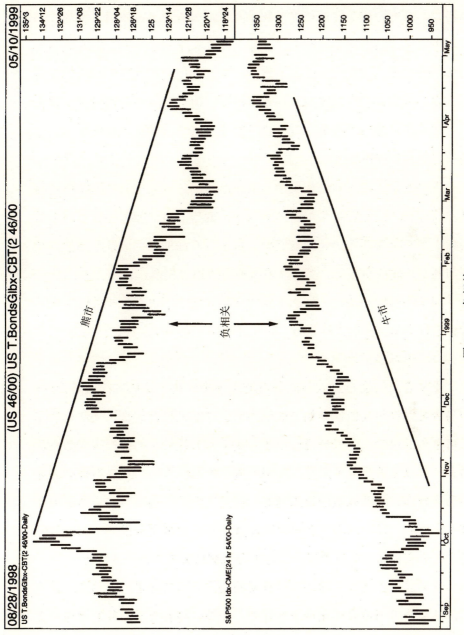

图 18-3 负相关

交易者对基本面越了解，就越能明白市场间的相关性是如何发挥作用的。对这种相关性进行思考和研究，是很有意义的事情。例如，如果活牛和生猪的价格是正相关的，那么我会在交易活牛时，同时观察生猪价格的波动。一旦活牛或者生猪的价格波动发出买入信号，我就会建立多仓。再如，有些时候我本想做多活牛，但当时真正的机会在生猪市场，如果我坐等活牛涨价，就会错过交易机会。这种对不同市场相关性的研究是非常有趣的。

重要的是，市场间的相关性会迅速改变，这取决于那些影响市场的基本面信息。交易者对基本面理解越深，就越能抓住相关性背后的本质要素。在一定时期内，利率与股票，黄金、原油债券、股票与原油，汇率与利率，原油与大豆，都会呈现出不同的相关关系。

与市场间的相关性一样，不同的交易方法之间也存在相关性。交易者在进行交易方法的多样化时，要注意使用不存在相关性的交易方法。

（1）市场多样化

交易者可以通过进入不同的市场实现多样化，从而进行风险管理。交易者可以将与其他证券相关性较小的证券纳入投资组合，从而有效降低可避免的风险。一般来说，由3~4个相关性较小的证券构成的投资组合，可以显著降低可避免的和不可避免的风险水平。投资组合中证券的品种越多，降低风险的效果越好，但是边际效应递减，在交易品种达到8个以后，风险水平不会再出现显著下降。根据研究发现，构建包含超过8个交易品种的投资组合，并不会给交易者带来额外的优势。

交易品种不光要多样化，更重要的是需要具备充足的流动性。较差的流动性会抵消掉多样化带来的好处。此外，随着交易品种的增加，交易者也需要花费更多时间进行研究。交易者在研究其他品种时，可能会忽略已持有的品种，从而影响投资组合的整体表现。交易者必须挑选流动性充足且相关性较低的交易品种，并且在控制风险方面进行适当地平衡。这是因为如果交易品种不够多样化，可避免风险就会较高。而过度多样化又会提高不可避免风险的水平，从而影响投资组合的整体绩效。

如果交易品种高度相关，那么交易者就必须降低交易合约的数量。例如，如果交易者分别交易 1 份德国马克⊖、英镑、瑞士法郎和澳元的合约，那么就风险控制而言，交易者应在 1 个市场交易 4 份合约，而不是分别在 4 个市场交易 1 份合约，因为货币之间通常具有较强的相关性（正相关或负相关）。另外，交易者在面对相关性较高的投资组合时，应相应降低杠杆。

杠杆指交易者在单一市场的交易规模占总资产的比重，一般不应超过 3%。这个稍后再谈。

（2）时间周期多样化

在不同的时间周期上运用同一种交易方法寻找进出交易的时机，能够降低总体风险。换言之，交易者可以一次交易多张合约，并在不同的时间周期上运用相同的交易方法，实现分次退出。或者，交易者也可以分次进场，一次性退出。例如，交易者可以做多 10 张玉米合约，根据 5 分钟走势图先卖出 2 张合约，然后根据小时走势图卖出另外 2 张合约，最后根据日线、周线和月线图再卖出剩下 6 张合约。交易者这样做能够抓住短期和长期的价格波动，与大盘趋势保持同步。同样，交易者也可以通过运用多个时间周期，增加交易头寸。

在这种情况下，交易方法和交易合约是一致的，唯一的变量是时间周期。

⊖ 已于 2002 年 7 月 1 日退出流通领域。——译者注

（3）交易方法多样化

交易者通过运用不同的交易方法可以分散风险。比如，有些交易方法在趋势性市场中表现良好，但在非趋势性市场中可能会表现不佳。交易者运用几种不同的交易方法分别配置一定比例的资产，能够降低风险。

一般来说，如果通过某一种交易方法做多，那么就应该运用另一种交易方法做空。同时运用不同的交易方法，有助于降低风险。有时交易者运用一个回报率相对较低的交易方法，反而有可能提高整体的盈利水平！这里假设交易品种的相关性不高，因此通过交易方法多样化降低风险得到的盈利，能够覆盖选择回报率较低的交易方法导致的盈利下降。当然，也要对杠杆进行相应调整。

1）跟踪市场的流动性。交易者可以通过仔细跟踪交易市场的流动性，降低风险。一般来说，市场的成交量越大，未平仓合约数量越大，流动性就越强。股票交易者可以只关注成交量。流动性和波动率之间的关系也很有趣。随着市场波动率上涨，不可避免的风险会增加，潜在盈利也会增加。但是，随着市场流动性提高，不可避免的风险会减少，但潜在盈利不受影响。流动性和波动率完全是两回事，不应混淆。虽然高波动率可能会造成流动性的不足，但流动性一般不会影响波动率。

大宗商品交易者在跟踪市场的流动性水平时，应该关注成交量而不是未平仓合约数量。一个存在大量未平仓合约且成交量较小的市场，比一个存在少量未平仓合约且成交量较大的市场，流动性要差。在大多数情况下，只有资金量巨大的交易者和大宗商品套期保值者，才会在跟踪市场流动性的时候关注未平仓合约，因为他们需要知道自己的交易会如何影响市场。如果未平仓合约数量很少，他们就必须搞清楚进出市场时的对手盘都是谁。市场的流动性是一个正反馈的循环——流动性充足的市场会吸引更多的交易者，从而进一步增强流动性。

在任何一个市场中，交易者都需要选择流动性更强的合约进行交易。假如现在是6月，交易者为什么要放弃流动性更强的9月合约，而去选择流动性较差的12月合约呢？只需要打开软件看一眼成交量就能跟踪不同月份合约的流动性水平，就是这么简单。

一般情况下，市场的流动性越高，进入市场的成本就会越低（如滑移越小）。例如，美国国债的交易成本可以忽略不计，而铂金的交易成本可能很高。投机者依靠流动性控制风险，但也会面临可避免的风险。

2）跟踪市场的波动率。当波动率发生变化时，应调整交易的杠杆。随着波动率增加，价格出现不利波动的概率也会增加，因此应降低交易合约的数量。同样，随着波动率降低，价格出现不利波动的概率也会降低，可以相应提高杠杆。这个原则对交易者十分有益，因为当思维连续性发生变化时，交易者会开始抛售，波动率会相应增加，而这种波动最终会反映在价格上。

（4）买卖价差风险

买卖价差是衡量市场流动性的指标。随着价差扩大，成交时的亏损也会放大。换言之，买卖价差是进出市场时交易者支付给市场的"佣金"。随着市场流动性增加，买卖价差会缩窄，而流动性不足的市场买卖价差的跨度会很大。另一种看待买卖价差风险的方法是估算交易者的数量。对于限价市场而言，有趣的地方在于近月和远月的买卖价差都会缩小。这是因为在限价市场，交易者可以交易买卖价差。通常，交易者会建仓一个价差组合，从而从限价市场当中退出。

（5）降低连续亏损的风险

优秀交易者在遇到连续下跌的情况时，会降低交易合约的数量，直到下跌结束。通过降低风险敞口，交易者能够防止连续回撤造成资产亏损。一般来说，当走势图上的绿线渐渐消失，红线不断出现时，连续亏损也就快结束了。

重要的是，交易者不应该把仓位打得太满，否则连续的亏损交易会消耗掉交易者的大量资产，让交易者难以翻身。

（6）运用止损降低风险

为了限制亏损，交易者在每次交易时都应设置止损。一般情况下，交易者会发出 GTC。这种止损指令能够让交易者避免因为拖延退出而亏损。

止损是一种保护性措施，能够降低账户的风险敞口。止损可用于进出场策略，以及保护性风险管理。用于风险管理的止损可以分为以下两类。

- 价格止损：如果达到预定价格，价格止损将使交易者退出交易。
- 时间止损：经过特定时间后，时间止损将使交易者退出交易。

正确地设置止损也是交易的重要环节。在交易之前，交易者必须预先做好退出方案，即如果市场走势未能符合预期，应该如何退出交易。

持有头寸的时间越长，交易者面临的风险就越大。如果止损价格距离现价过近，可能导致交易者被动止损出局。如果止损价格过远，又会失去保护作用。保护性止损产生的亏损在很大程度上取决于交易的胜率。如果交易的胜率是 50%，那么交易者的单笔盈利必须超过潜在亏损，才能实现净盈利。但是，如果交易的胜率高于 50%，那么交易者在单笔盈利低于潜在亏损时，仍能保持净盈利。同样，如果交易的胜率低于 50%，那么交易者的单笔盈利就必须高于潜在亏损，才能实现净盈利。

如果趋势到达某个价格会否定之前市场发出的进场信号，那么交易者就可以在这个价格上设置止损。例如，如果因为出现双底的形态而做多，那么在双底下方设置止损是合理的。因为如果价格下跌触发了止损，显然交易者之前对双底的判断就是错的。设置止损能够帮助交易者在错误进场的情况下，提前锁定风险。即使触发了被动止损，交易者也能够保住资产，等待下一个交易机会的出现。

交易者在交易中面临的风险是由多种因素决定的。有一个概念很重要，止损点的位置与交易者希望承担的风险大小无关，交易者应该在重要的技术点位设置止损。一般来说，在市场的重要价格水平上设置止损是最有效的。如果交易者被动止损，说明进场信号有误，并且如果止损后的亏损超过交易者的承受能力，那么交易者就必须退出交易。换言之，在交易方法提示进场时，如果交易者发现止损后的亏损会超出预期，那么交易者应该放弃这次进场交易的机会。

还有一件事情需要记住，市场无时无刻不在变动，如果交易者将风险限定在一个交易日的波动范围内，除非能够当即盈利，否则交易者大概率会被动触发止损。换言之，在美国国债市场上，每天的价格波动超过1000美元，如果交易者只愿意承受200美元的风险，那么肯定会被动止损。如果交易者根据评估确定自己只能承受200美元的风险，那么交易者要做的就是去寻找一个波动范围在200美元以内的市场。

市场波动率会在瞬间发生变化。当波动率突然飙升时，如果交易者的止损设置在错误的一侧，那么交易会立即被动止损。这并不算是糟糕的结果，只能说明这笔交易没成功而已。但是，止损不等同于退出策略，除非交易者自愿如此。

设置止损能够限制亏损，防止交易者因价格出现巨大反向波动而亏损。设置止损并不能保证交易者一定能以止损价格成交（实际成交价可能比止损价格更加不利）。如果触发止损，交易者将退出交易。正如前文所述，止损只是保护性手段，并不能替代退出策略。设置止损更像是一门艺术，而非科学。我喜欢把止损点设定在能够确认思维连续性出现转折的那个价格水平上。我的问题是："和我同一阵营的力量，会在哪个价格区间缴械投降呢？"一旦确定了这个价格区间，我就会把止损设置在这个价格区间之外。还有一点，如果波动率上升，止损点也设置得更远，会增加止损时的亏损。

在设置止损时，需要注意两个问题。一个是触发止损时的亏损，另一个是止损点的位置。需要综合考虑这两个问题，否则止损点就仅仅是一个限制亏损的点位，而不是我们需要的市场的关键点位。

假设交易者在 301 点做多黄金，并且发现在 290 点的位置有大量交易者做多。交易者可以假设，如果空头发力，价格跌向 290 点，那么多头应该会在 290 点进行抵抗。如果多头不足以抵挡空头抛售的压力，导致价格跌破 290 点，那么多头就可能会恐慌并且纷纷抛售，从而增强空头的力量，推动价格进一步下跌。因此，交易者可以在 289 点或 288 点设置止损。如果空头真的把价格压到 288 点，说明此时市场上空头的力量更强，交易者也不应该在这个位置上做多。

盈利能力

大多数交易者都会亏损，原因在于他们的风险控制能力较弱。尽管目标始终是盈利，但是交易者必须时刻提防亏损。没有人能够保证交易一定盈利，但是交易一定是有风险的。如果交易者能够盈利，就能够持续交易，但是如果亏损过多，交易者便无法继续交易。如果交易者只关注盈利，可能会因为过于冒险而亏掉全部的资产。但是，假如交易者只关注风险，那么交易者可能会宁愿持有现金，也不愿进场交易。

确定交易的预期结果

交易者可以通过计算交易的预期结果，分析交易的风险和回报。预期结果即为交易盈亏概率的总和。交易的预期结果能够表明，某个策略在可预见的未来能否盈利。一般情况下，由于不可避免的不可控风险所造成的严重亏损，不会超过合约价格的10%。

专业交易者会始终计算交易的风险回报，而交易新手通常只关注交易的潜在盈利，他们因此亏损了很多钱。

有经验的交易者会使用数学方法分析风险和回报的关系，进而计算出交易的预期结果。这很重要，因为交易者必须综合考虑风险和回报的问题，从而提高盈利的概率。任何交易的预期结果，都是该笔交易当中交易事件发生的概率之和。公式如下。

$$预期结果 = \sum_{i=1}^{n} ab \qquad (18\text{-}1)$$

式中　a——交易事件发生的概率；

　　　b——交易事件；

　　　n——交易总次数；

　　　i——交易事件发生的次数。

虽然式（18-1）看上去是个复杂的公式，但实际上并不难。为了计算两次交易的预期结果，交易者必须确定交易的胜率、平均盈利和平均亏损等要素。例如，交易者在盈利的交易中平均盈利100美元，在亏损的交易中平均亏损50美元，并且胜率是50%（交易者有一半的时间亏损）。把这些数字代入式（18-1），可以计算出两次交易的预期结果。

$$\text{预期结果} = (100 \times 0.5) + (100 \times 0.5) - (50 \times 0.5) - $$
$$(50 \times 0.5) = 50（美元） \tag{18-2}$$

再举一例，如果交易者盈利时平均盈利 75 美元，亏损时平均亏损 50 美元，并且胜率为 60%（40% 的时间亏损），那么两次交易的预期结果如下。

$$\text{预期结果} = (75 \times 0.6) + (75 \times 0.6) - (50 \times 0.4) - (50 \times 0.4)$$
$$= 50（美元） \tag{18-3}$$

最后一个例子。交易者盈利时平均盈利 100 美元，亏损时平均亏损 50 美元，胜率为 40%（60% 的时间亏损）。两次交易的预期结果如下。

$$\text{预期结果} = (100 \times 0.4) + (100 \times 0.4) - (50 \times 0.6) - (50 \times 0.6)$$
$$= 20（美元） \tag{18-4}$$

数学计算器都有求和函数，可以轻松计算出交易的预期结果。交易者花一个晚上学习一下，就能知道风险敞口和退出策略是多么的重要。交易者一定要守住自己的盈利。

通过以上公式，交易者能知道自己的交易方法能否盈利。成功的交易者都掌握了盈利的交易方法，而大多数交易新手的预期结果都为负数。通过计算，交易者将能够了解概率，并确定自己的交易方法是否合理。

投资回报率

专业交易者会通过投资回报率（return on investment，ROI）衡量自己的盈利能力。ROI 可用来衡量过去 12 个月的时间里交易者的资本运用效率，这是评价投资效用的最佳方法。交易新手会用盈利的次数和赚到的钱衡量自己的成功，而专业交易者则会用 ROI 衡量自己的盈利能力。毕竟，交易者可以在连续盈利 20 次之后，一次回吐全部盈利。

$$ROI = \frac{净利润}{投资总和} \quad (18\text{-}5)$$

例如，如果交易者在年初持有 20 000 美元的投资组合，到年底时产生了 8000 美元的盈利，那么 ROI 如下。

$$ROI = \frac{8000}{20\,000} = 40\% \quad (18\text{-}6)$$

资本消耗

交易者都经历过连续亏损的情况。随着时间的推移，我们把交易者从上一个资产峰值到现在亏损掉的资金，称为资本消耗。资本消耗是为了将资本恢复到上一个峰值的水平，而必须补充的资金。

交易者可以使用账户的现金流计算资本消耗。最大资本消耗可能是衡量固有风险的最佳指标，这也是一个极其重要的概念。但不幸的是，大多数交易新手虽然承认最大资本消耗的重要性，却并没有真正地理解这个指标，表 18-1 对此进行了说明。

表 18-1 最大资本消耗示例 （单位：美元）

	期初资产	盈利	亏损	期末资产
1 月	20 000.00	1204.56		21 204.56
2 月	21 204.56	485.00		21 689.56
3 月	21 689.56	8643.25		30 332.81
4 月	30 332.81		(1804.59)	28 528.22
5 月	28 528.22		(2043.23)	26 484.99
6 月	26 484.99	2451.81		28 936.80

(续)

	期初资产	盈利	亏损	期末资产
7月	28 936.80	539.07		29 475.87
8月	29 475.87	968.23		30 444.10
9月	30 444.10	392.45		30 836.55
10月	30 836.55	890.33		31 726.88
11月	31 726.88	145.11		31 871.99
12月	31 871.99	309.78		32 181.77

为了计算资本消耗，交易者应该选择特定时段进行跟踪，通常是1个月，有时是1天。某年的月度情况如图18-4所示。先寻找第一笔亏损的交易，找到之后确定亏损发生之前的资本金额。第一个发生亏损的月份是4月，亏损前的资本金额为30 332.81美元。将损益相加，直到资本大于或等于亏损发生之前的资本金额，在此期间，最大的一笔亏损就是资本消耗，在本例中，资本消耗为3847.82美元。需要强调一下，需要将后续全部的损益都加上，直到资本恢复至初始水平。

最大资本消耗是所有的资本消耗中数值最大的那个。如图18-4所示，最大资本消耗为3847.82美元。最大资本消耗指标的妙处在于，交易的时间越长就越有效。如果交易笔数太多，可以将最大资本消耗乘以2或者3，甚至更大的系数，以此表示未来可能出现的最大资本消耗。图18-4中的统计区间只有12个月，因此应该将3847.82美元乘以系数0.2。

专业交易者总想搞清楚："最坏的情况会怎样？"最大资本消耗就是最大的亏损金额，这表明在流动性充裕的情况下，交易者所需的最低资本金额。这是交易者在一系列亏损的交易中可能亏损的金额。这个指标还表示巨额亏损或者连续亏损出现的频率。风险是交易可能亏损的概率，最大资本消耗应该是衡量风险的最佳方法。交易所需的资本金额，等于最大资本消耗加保证金。

交易者可以依据资本消耗确定所需的资本金额。交易者可以通过每日收盘价计算逐日的资本消耗，虽然这会耗费时间和精力，但这可能是衡量资本需求的最佳方法。

请记住，如果出现了100%的资本消耗，意味着交易者已经出局了。一般来说，出现50%的资本消耗，比赛就已经结束了。最大资本消耗在一定程度上可以近似表示交易资本的风险。当然，实际发生的资本消耗也可能与理论结果相差很远。

风险回报率

交易者可以用ROI衡量盈利能力，以最大资本消耗衡量风险，并将两者进行相除，得到交易中最重要的指标：风险回报率。这个指标表示交易者的回报会如何随风险的变化而变化。风险回报率回答了一些基本问题：①交易者需要多少资本；②当前的交易方法是否可行。

计算风险回报率很容易。在相同时段内，将盈利除以最大资本消耗，就可以得出该比率。

$$风险回报率 = 净盈利 / 最大资本消耗 \qquad (18\text{-}7)$$

例如，如果在一段时间内，交易产生了5000美元的净盈利，而最大资本消耗为1500美元，那么风险回报率为

$$风险回报率 = \frac{5000}{1500} \approx 3.333 \qquad (18\text{-}8)$$

乘以100%，获得百分比

$$3.333 \times 100\% \approx 333\% \qquad (18\text{-}9)$$

换句话说，交易者在面临亏损 1 美元的风险的同时，能够盈利 3.33 美元。但是，最大资本消耗并不能完全覆盖交易者面临的风险，因为不可避免的不可控风险是难以量化的。因此，许多专业交易者会将最大资本消耗乘以一定系数，得到一个更为贴近实际的指标，用来衡量交易者需要的资本金额。为了说明这一点，现将最大资本消耗（1500 美元）乘以 2。

$$\text{风险回报率} = \frac{5000}{1500 \times 2} \approx 1.667 \approx 167\% \quad (18\text{-}10)$$

图 18-4 的风险回报率为 1.58:1（资本消耗系数为 2）。

再举一个例子，使用两种交易方法。第一种交易方法的资产曲线稳步上升，伴有小幅上涨和小幅下跌。第二种交易方法则伴有大幅盈利和大幅回撤。1 年后，两种交易方法都产生了 6000 美元的盈利。第一种交易方法的最大资本消耗为 1000 美元，第二种交易方法的最大资本消耗是 3000 美元。如果使用资本消耗衡量风险，那么第二种交易方法的风险是第一种方法的 3 倍。如果把不可避免的不可控风险考虑进来，将两种交易方法的资本消耗乘以 2，可以更清楚地认识它们实际的风险回报率。

方法 1

$$\text{风险回报率} = \frac{6000}{1000 \times 2} = 3:1 \quad (18\text{-}11)$$

方法 2

$$\text{风险回报率} = \frac{6000}{3000 \times 2} = 1:1 \quad (18\text{-}12)$$

可以看出，第二种交易方法除了有 3 倍于第一种交易方法的资本消耗风险之外，风险回报率也表现不佳，交易者要面临 1 美元的风险，却只能盈利 1 美元。与使用第一种在面临 1 美元的风险时，能盈利 3 美元的交易方法相比，使用第二种交易方法交易是没有意义的。

绝大多数交易新手并没有充分考虑风险回报率。成功的交易者都是净盈利的，但是他们可能在 60% 的时间内亏损，只有 40% 的时间是盈利的。那么问题来了，如果大部分时间都是亏损的，那么这些人是如何实现盈利的呢？答案是交易者通过这些盈利的交易，赚到了足够多的钱，能够以一个安全的比例覆盖亏损。成功的交易者能够产生足够的盈利，可以覆盖止损产生的亏损。

此外，交易者可以运用风险回报率对不同的交易机会进行筛选。为了覆盖亏损，交易者可以运用风险回报率，找到盈利大于亏损的交易。专业交易者常用的风险回报率为 3∶1。换言之，专业交易者寻找的都是在面临 1 美元的风险时，能够盈利 3 美元的交易机会。使用这种策略能够最充分地利用资本。

风险回报率应该以概率为基础，成功的交易者都是依据概率进行交易的。换句话说，如果一个交易方法被证明胜率能够大于 50%（如 65%），那么交易 10 次就能够盈利 6.5 次，只亏损 3.5 次。交易者要相信概率的作用，如果 10 次交易中有 3.5 次亏损，那么交易者应该把这部分资本消耗当作风险资本。如果这 3.5 次亏损是连续发生的，就更应如此。

这里需要解释一下。交易者的交易次数对胜率至关重要。例如，假如掷 10 次硬币，可能不会得到 50 比 50 的结果，但是如果掷 1000 次硬币，可能就会得到 50 比 50 的结果。因此，交易者需要交易足够多的次数，以让概率发挥作用。交易者还要能够参与盈利足够大的交易，用于弥补亏损消耗的资本。随着交易次数的增加，交易者会面临更多交易连续盈亏的情况，我们将在下文有关概率的部分中详细介绍。

这就是"止损不止盈"这句格言的含义。只要思维连续性还存在，或者交易方法仍然有效，那么交易者就能通过一笔交易获得大幅盈利。一般来说，只有少数交易能产生大幅的盈利，因此完成这些交易对交易者来说至关重要。这也是为什么交易者要在亏损刚刚冒头的时候，就及时进行止损。

有个有趣的现象：如果交易者在多数交易中都亏损，但是遵循了保守的资金管理策略，那么他最后赚到的钱会远远超过在多数交易中都盈利，但是没有资金管理策略的交易者。

概率论

很少有交易者能够静下心思考如何应对一连串的亏损。交易者在面对一连串的亏损时，会联想到墨菲定律："任何有可能出错的事情，最终一定会出错。"一般情况下，亏损像滚雪球一样。如果交易者想知道怎样才能更加客观和清晰地定义一连串盈亏交易的概率，数学家会用公式作答。要先搞清楚，什么是特定事件的发生概率。例如，掷1次硬币，正面和反面朝上的概率都是50%。要想确定掷2次硬币且2次都正面朝上的概率，需要使用公式计算。一系列独立事件发生的概率，等于单个事件发生概率的乘积。例如，为了确定掷硬币正面连续4次朝上的概率，需要将50%乘以4。

$$0.50 \times 0.50 \times 0.50 \times 0.50 = 0.0625 \qquad (18\text{-}13)$$

掷硬币正面连续4次朝上的概率为6.25%，也就是1/16。我再问个问题：如果再掷1次硬币，那么第五次正面仍朝上的可能性有多大？答案是50%，因为每次掷硬币都是独立事件！连续5次硬币正面朝上的概率等于50%的五次方，也就是3.125%。请记住，独立事件指不受先前事件影响的事件。现实当中，有多少交易者在连续4次盈利之后，会把全部筹码都押在第五次交易中呢？

概率论非常有趣，也适用于交易。很多连续4次盈利的交易新手都会感到无比的兴奋，但是几乎不会去想概率论对交易的影响。尽管一连串的盈利总是极好的，但是一连串的亏损可能导致交易者破产。此外，一连串的亏损交易也会对交易者的身心状态产生伤害，有些交易者在连续亏损后甚至无力再进行交易。

请记住，随着交易次数的增加，连续盈利或连续亏损的概率也会提高。例如，如果掷多次硬币，就会得到连续多次正面朝上或反面朝上的结果。而一连串特定事件的发生概率会随着独立事件重复次数的增加而下降。回忆一下，掷硬币连续4次正面朝上的概率为6.25%，而连续5次正面朝上的概率就下降为3.125%。

一般来说，在设计风险策略时，要警惕交易连续亏损的概率。一连串交易的盈亏概率，取决于当前交易是否完全独立于之前的交易。然而，交易者面对的市场和使用的交易方法要么是正相关的，要么是负相关的。因此，这些交易都不是独立事件（因为存在相关性）。这就是为什么在交易过程中交易连续盈亏的概率会比较高。在统计上，掷硬币是正或反面朝上概率为50%的独立事件，而交易却不是盈亏概率均为50%的独立事件。这是交易者的交易方法和市场观点造成的。成功的交易者在自律地交易时，会产生足够多的交易样本，可以以此确定资本消耗和盈亏概率。例如，如果交易者使用相同的交易方法完成了200笔交易，就可以统计出盈利交易的占比，还可以计算出交易连续 n 次盈利或亏损的概率。如果交易者胜率为 60%，那么交易者会有 7.78% 的概率连续 5 次交易盈利，而不是连续 5 次掷硬币都正面朝上的 3.13%。

在交易者能够熟练运用交易方法之后，就可以根据连续盈亏概率确定自己面临的风险。交易新手会以为交易胜率为 50%，这是一种错觉，因为他们无法正确地看待市场。此外，在经历一连串的亏损之后，他们的情绪会受到影响，很可能会亏损更多。

风险资产：资产配置

交易者都在寻找一种能够快速、安全地增加资产的交易方法。毕竟，资产才是交易者真正关心的。但是挑战在于，如果资产曲线上升太慢（即使是一条安全、平稳上升的曲线），交易者也会因为实现目标的时间过长而感到沮丧。然而，如果资产曲线上升过快，资本消耗可能会过大，导致交易者现金流紧张。换言之，交易者的资产增长越快，资本消耗就可能越大；反之，资产曲线上升越慢，资本消耗就可能越少。

每位交易者的目标都是在这两个极端之间选择自己的资产曲线，并且资产增加得越快越好。如你所知，这并不是那么容易就能实现的。随着资产曲线不断变陡峭，交易者持有股票会承受更大的风险，资产增长的速度也会更快。随着资产曲线变得不再那么陡峭，交易者的资产面临的风险也就越小，资产增长的速度也就越慢。

在数学上有一个事实，那就是 20% 的盈利无法弥补 20% 的亏损。例如，如果交易账户中有 10 万美元，交易者亏损了 20%，那么资产将变为 8 万美元。如果交易者在下次交易中盈利 20%，盈利为 1.6 万美元，资产变为 9.6 万美元。为了使资产恢复初始金额 10 万美元，交易者需要盈利25%。

从亏损中恢复所需的盈利百分比的公式为

$$\text{所需的盈利百分比} = \frac{\text{已发生的亏损}(\%)}{1-\text{已发生的亏损}(\%)} \times 100\% \quad (18\text{-}14)$$

弥补亏损所需的盈利百分比如图18-4所示。例如，如果交易者亏损了50%的资产，就需要盈利100%才能使资产恢复初始金额。

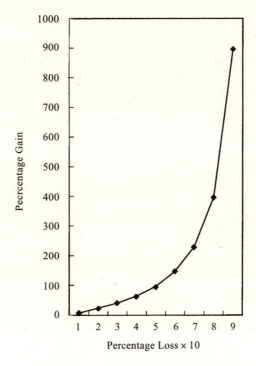

图18-4 弥补亏损所需的盈利百分比

$$\text{所需的盈利百分比} = \frac{0.50}{1-0.50} \times 100\% = \frac{0.50}{0.50} \times 100\% = 100\% \quad (18\text{-}15)$$

很明显，一旦交易者亏损了50%，就很难翻身了，因为要想回到原点需要盈利100%。亏损很难填平，因为保证金和风控的要求使资本消耗难以弥补。交易者必须意识到亏损比盈利要容易，这就是风险控制和资金管理如此重要的原因。

尽管听上去有些出人意料，但请记住适当的风险管理，能够显著提高一个平庸交易方法的盈利能力，而如果不进行风险管理，即便再优秀的交易方法，最终也会让交易者亏损。

(1) 风险敞口

资产的风险敞口在一定程度上取决于交易者的风险厌恶程度，也和特定交易或一系列交易有关。交易资产的大小取决于交易者的可用资产，与盈亏状态无关。由于不可避免的不可控风险，亏损规模可能会高达总资产的10%，但一般来说不会高于5%。换言之，如果交易者交易5000蒲式耳⊖的玉米合约，而玉米价格是每蒲式耳2美元，那么玉米合约的总价值就是10 000美元。交易者的亏损通常会低于500美元（5%），只有在极端情况下才会达到1000美元（10%）。

如果风险（包含可避免的和不可避免的）超过10%，那么交易者有可能亏掉全部资产。因为如果按照这个比例连续亏损10次，本金就归零了。与想象的相反，这种亏损发生的概率其实并不低，因为交易不是完全独立的事件，未来的交易会受到过往的影响。此外，市场可能在一夜之间变得具有相关性，并且出现对交易者不利的走势。因此，在10%的风险下满仓是非常冒进的。同样，即使单笔交易的风险只有5%，也可能出现总资产亏损50%的情形。如前所述，50%的亏损需要100%的盈利才能覆盖，交易者实际上是很难翻身的。因此，专业交易者在交

⊖ 1蒲式耳≈36.369升。

易时，单笔交易一般只冒 1%～4% 的风险。我在这里真诚地建议，交易新手在任何一笔交易中，都应该只冒 0.5%～2% 的风险。也就是说，单笔交易的规模最好不要超过可用资本的 0.5%～2%。

控制风险意味着资产能够持续增长，但增速会放缓。如果增加交易风险，资产可能会快速增长，但是也可能会导致大额亏损！记住，成功交易者的盈亏比是 1.5～2.0，并且只有 25%～50% 的交易是盈利的。

交易者的资产每天都会波动，如果资产快速亏损，那么其实交易者并不值得同情。如果在任何一笔交易中只运用一小部分资产，是能够有效保护本金的。在大多数时候，专业交易者单笔交易的规模都不会超过可用资产的 4%。这是因为由于不可避免的不可控风险，任何交易都有可能出现严重亏损，交易者必须理解概率的含义。因此，专业交易者总是在分析概率，要求盈利大于风险敞口，他们只在风险回报率合适的情况下才会进行交易。他们清楚每个交易日都是资产曲线的新起点，这一点值得交易新手仔细体会。

虽然交易方法很重要，但有效的风险管理才是决定交易者成败的主要因素。

（2）保证金

许多交易新手都认为保证金与风险管理之间存在某种关系。经纪公司对保证金的要求只与市场日内波动的幅度有关。如果保证金与资产之比低于 1∶5，就可能导致交易者爆仓。交易新手普遍存在过度交易的情况，并且使用较高的杠杆，而杠杆是把双刃剑。在追求盈利的同时，千万不要忘记风险可能会导致亏损。

常规做法

许多专业交易者的交易规模都不超过总资本的 50%，他们会用剩余资金买入美国国债赚取利息，为资本消耗和连续亏损提供缓冲和资金储备。换言之，如果交易账户中的资金总额为10万美元，那么交易者可以用5万美元进行交易，用5万美元买入美国国债。

专业交易者会依据退出策略和止损安排，对风险敞口进行跟踪。一般来说，任何一笔交易的风险敞口都不应超过总资产的4%，通常是1%~3%。例如，如果交易账户中只有10万美元，那么交易者的单笔交易规模应不超过1000~4000美元。换句话说，任何一笔交易的亏损都不应超过总资产的4%。这种做法能够限制交易合约的数量和类型，因此应得到交易者的重点关注。

交易者还应该分散在不同市场投资，每个市场的保证金比例都不应超过总资产的25%。每个交易品种的比重应该维持在10%~25%。专业交易者会维持交易品种的多样化，这是为了防止因为把鸡蛋放在一个篮子里而破产。他们还会运用不同的交易方法实现多样化。

（1）多样化配置

如果交易者账户中有10万美元用于交易美国国债和瑞士法郎，为了控制风险，一般风险敞口应该不超过3000美元（总资产的3%）。如果交易者交易方法的平均资本消耗为2000美元，那么交易者将只能交易一张美国国债或者瑞士法郎合约。然而，如果美国国债和瑞士法郎之间不存在相关性，那么交易者可以在每个标的上各交易一张合约。如果风险敞口要达到4%（4000美元），就需要两个标的同时亏损2000美元，这种可能性并不高，因为两个标的之间不存在相关性。市场之间的相关性越低，多样化的效果就越好。

（2）根据合约数量进行配置

为了确定交易的合约数量，必须确定交易方法的最大资本消耗。请记住，交易合约的数量必须由交易的风险敞口来决定。而交易新手往往会根据自己的盈利目标，或者可用资产决定交易合约的数量，这只会让他们体验到一把破产的感觉。

交易新手都无法判断什么是真正的风险。这是因为市场在任何时候，都可能出现出人意料的事情。交易者最好能够做出最坏的打算，在交易时宁可保守也不要激进冒险。交易者应该高度关注交易资产的安全性。

对于任何一笔交易，交易者都很难确定交易的合约数量，而交易合约的数量是改善交易者资产曲线的关键要素。交易者必须增加交易的合约数量，才能充分运用交易资产。但是，如果在错误的时间提高交易的合约数量，又会导致严重的资本消耗。有些交易者（通常是交易新手）相信一轮上涨周期即将到来，因此自己的交易策略一定能够成功，并且能够弥补之前的资本消耗。但是实际上，资本消耗可能会继续增加。因此，交易者在发生资本消耗之后增加头寸，通常都是坏主意。

还有交易者认为在盈利之后增加头寸，是比较好的策略。在连续上涨时，这么做当然没问题。但是再想一想，很显然，如果在错误的时间交易了额外的交易合约，也有可能导致亏损，或者抵消之前的盈利。还有一些交易者会在盈利之后增加头寸，并且以之前的盈利为限，以限制新增的风险敞口。

如果交易者在盈利之后增加头寸，一般来说这些额外的头寸最终都会不亏不赚。如果长时间维持不亏不赚的状态，交易者最终还是会亏损。这是因为交易者必须用盈利弥补亏损。如果交易始终不亏不赚，就无法产生盈利用于弥补亏损。

专业交易者都知道交易规模取决于资本规模。他们从实践中得知，交易的合约数量与当前是盈利还是亏损毫无关系。如前所述，把糟糕的资金管理策略和出色的交易方法组合在一起，长期也会产生亏损；而把一个普通的交易方法和适当的资金管理策略组合在一起，长期则会产生盈利。

风险管理的反思

有趣的是，我们当前讨论的资金管理策略最初衍生于赌博理论。很不幸，很多人都把交易看成赌博。当然，如果交易者没有掌控自己的品格和恶习，对交易方法进行深入研究，那么实际上他就是在赌博！

如果把风险控制在总资产的5%以内，那么交易者能够承受连续19次的亏损。可是问题在于，如果连续亏损超过15次，交易者剩余的资本就将无法满足保证金的要求。还有一点，虽然经纪公司要求的保证金是存款，本身不存在风险。但是实际上，在进行每笔交易时，哪怕只有一手日元，交易者的全部资产都处于风险之中。你不信？假设交易者的账户里有5000美元，做多12月的日元，保证金为2500美元，保护性止损的亏损额为250美元（总资产的5%）。现在，假如某国宣布所有位于日本海的石油都归其所有，而日本无力抵抗的话，那么日元会怎样？日元当然会崩溃。如果日元恐慌性地下跌4天，那么交易者的亏损会仅仅是5000美元吗？那个时候，恐怕交易者的房子都已经被拍卖抵债了！什么是真正的风险？当然，这是一个极端的例子，但是问题的本质是一样的。

交易者的风险实际上就是交易者的总资产。有点吓人吧？可能有人会疑惑"该如何定义风险"，我能给出的回答是，风险是市场波动对资产造成的潜在不利影响。如果要测算风险，就在走势图上找出一段时间（至少持续几天）价格波动的区间，计算出价格区间的振幅，再乘以交易合约的数量，得到结果。这个结果可能会出人意料。另外，如果交易者做多，但是发生了灾难性事件，导致根本无法平仓，那么合约价值最多可能跌到 0，交易者的最大亏损就是建仓时合约的价值。但是，做空的亏损可以是无限的，因为合约的价值理论上能够会涨到天上去。

例如，在 1998 年 12 月 30 日，1999 年 5 月的玉米价格为 220.5 点，之后连续 6 个交易日上涨。1999 年 1 月 8 日，玉米价格高达 231.0 点，涨了 10.50 点，市值涨了 525 美元。因此，如果交易者在 1999 年 2 月 10 日做多，并在 228.0 点设置止损点，看上去风险只有几个点或 100 美元，但实际上风险和 525 美元更相近。从这个角度看待风险的好处是，交易者能够明确 525 美元应该就是最大的理论亏损。

总结

交易者应该怎样做呢？交易者应该清楚交易新手的交易结果往往会很差。因此，交易者应该建立自己的资金管理策略。我强烈建议，交易新手应该把 50% 的资本用于储蓄，把不超过 25% 的资本用于相关性较低的交易，并且任何一笔交易的规模都不超过总资产的 4%。

交易者要能够准确地指出止损点的位置，估算出潜在盈利和风险。

交易者的目标是将策略进行量化和完善，但是只有在了解风险回报率的情况下，这样做才有意义。同时，交易者还需要有一个明确的退出策略。

有个比喻总结得很好。如果交易者认为交易是一场无止境的战斗，而每笔交易都是一名士兵，那么这些士兵就要知道要去哪里寻找掩护。交易者的止损点就是这些士兵要找的掩护。换言之，在交易之前，交易者需要先通盘考虑与风险相关的事情，具体如下。

- 合约的流动性是否充裕。
- 投资组合的相关性，以及某笔交易对投资组合风险的影响。
- 交易中不可避免的风险规模有多大。
- 交易者的可用资产有多少。
- 交易能否重复，能否提高胜率？（换句话说，交易者是否运用了概率？）请记住，如果交易是不可重复的，就不应该进行这笔交易。假如交易者在世界末日进行交易，那么不但要确保世界不会毁灭，还要确保自己拥有资金并且认可这笔交易——毕竟这种无法重复的独立事件不存在所谓胜率的概念。
- 交易者的运气如何。

成功的交易者都有一套严格的风险管理规则。如果缺乏明确的策略，交易者的胜率就会大打折扣，如果有了明确的策略，那么交易者的成功将势在必得！

| 第 19 章 |

将交易方法书面化

是什么让一次普通的下注变成了鲁莽的赌博？这里面肯定包含了失败者的绝望。

——伯纳德·巴鲁克

有一个简单的事实，那就是市场上没有"一定的事情"。

——伯纳德·巴鲁克

交易新手有一个特点，他们不愿意花费时间动笔把自己对市场的看法及自己的交易方法写下来。或许他们会以口头的方式说出来，但是不会把这些内容落在纸面上。事实上，同样的事情口头说和笔头写，效果差别极大。

还有一个现象值得注意，那些成功的交易者都会以某种方式记录下自己的观点和交易方法，他们会把关乎成败的规则都写在纸面上！

或许有人会说："是，假如我能把全部事情都搞清楚，我也会写下来。"这种说法还有另一种表达方式："如果我有其他人拥有的资源，我也可以把这些都记录下来。"但是大家都清楚一个人永远都无法搞清楚所有事情，也永远不会拥有足够的资源。这些都只是人们找出来的借口，都是消极的信念。

大量的交易者会在很短的时间内亏掉全部资金，并且不会写下自己的观点和方法。那么，我们是不是应该做一些和他们不一样的事情呢？如果交易者没有一份书面的交易方法，就先停止交易吧。在写下明确的市场观点、进场策略、止损点、退出策略和最重要的风险管理规则之前，不要开始交易。

为什么写在纸上这件事情这么重要？很简单，如果交易者能够静下来写出自己的观点，日后就无法再回头否认自己犯错的事实。如果市场的走势与交易者的观点不符，就只能是交易者自己错了。交易者需要自己承担起责任，而无法把责任推卸给市场。通过这种方式，交易者能够强迫自己保持自律。

换言之，如果交易者判断市场即将上涨，并且技术指标也发出了看涨信号，那么交易者就应该建立多仓。如果市场如期上涨，但是交易者未建仓做多，说明交易者需要强化自己的品格，尤其是自律和正直。如果市场与研究结果一致，而交易者未能开展交易，那么交易者就只能自责了。类似地，如果交易者每次都能开展交易，但始终亏损，那么交易者需要重新审视自己的信念是否有效，这也要求交易者能够强化自己的品格。只有拥有强大品格和信念的人，才能接受努力却未达预期的结果。

交易者可以设计出最好的做多方法，但是如果市场开始下跌，而交易方法未能给出预警，那么交易者依然会亏损。因此，理解交易方法的有效性与理解交易方法需要完善之间，存在明显的区别。运用交易方法的次数越多，交易者就越能确定该方法的有效性，就像RSI至少需要100个"样本"才能奏效一样，交易方法也需要"大样本"验证。

当交易者写下自己的观点、信念、方法和风险管理规则时，有可能将自己的心理预期转变为现实。如此，交易者便无法顾左右而言他或者逃避责任。几乎全部的交易新手都会在预期即将大涨之时快速建仓。他们都是赌徒，根本没有自己的交易方法。因此，他们会在参加培训班或者研讨会之后就立即着手交易。他们会运用其他交易者使用过的交易方法，这些交易方法可能曾经成功过，但是他们没有将这些交易方法进行验证和内化，因此他们并不能实现持续盈利。

写下交易观点能够促使交易者做出交易决策，让交易者正视市场，防止因为情绪或其他因素，导致交易方法出现偏离。同时，写出交易观点还能帮助交易者专注于交易本身，融入市场。随着感知能力不断提升，交易者的交易能力也能不断提高，书面化的交易方法也会不断完善。

交易者写出交易方法的过程，就是把相关的规则和信念进行内化的过程。这需要交易者相信自己对市场的信念是有效的。成功的交易者都会进行研究和回测，并对新的交易方法进行实盘测试，然后把这些心得写在纸面上。交易者在决定运用某种交易方法之前，必须事先确定该交易方法的有效性。换言之，如果交易者从书上看到某个神奇的指标，那么在潜意识接受它之前，交易者需要在验证该指标的有效性之后运用这个指标。

以下五个方面会影响交易者的交易能力。

- 交易者关注什么样的市场波动。
- 交易者如何看待这种波动。
- 交易者决定如何在这种情况下实现盈利。
- 交易者决定强化哪些品格和信念。
- 交易者决定消除哪些恶习和信念。

许多交易新手几乎从来没有做出过决定，更不用说为交易做决策。他们满脑子都想着赚钱，却不花时间去认真思考。

要想成功，交易者必须能够从每次交易经验当中学习。最快的方法莫过于从书面的交易决策当中进行学习。为了能够最大限度地提升学习效果，交易者需要在交易日志中记录进场交易、跟踪止损和退出交易的详细原因。除了记下决策的原因之外，交易者还需要记录交易过程中的种种情绪和身心感受。交易者会发现自己的盈利能力与交易方法和身心状态，都是直接相关的。这些控制着他们的感知。

在日志中记录下自己的观点、决策原因和身心状态之后，交易者需要至少每周回顾一次日志。毕竟，盈利或者亏损会影响交易者的生活质量。如果交易者的身心状态十分糟糕，那么他便连机械化的交易方法都无法驾驭。换言之，即使设计出了一套完全机械化的交易方法，如果交易者处于极度痛苦的状态中，也会做出一些导致亏损的举动，如下错交易指令或者错误止损。

那么，如何写下自己的交易方法呢？下面的问题能够帮助交易者写下做多的交易方法。如果要做空，换个方向重复一遍后 10 个问题即可。

- 你会如何描述市场的波动？

你会把市场波动比作什么？如"交易就像……一样""市场就像……一样""市场上涨时，就像……一样"。

- 你会如何填充这些句子？

1）"价格上涨是因为……"

2）"市场停止上涨是因为……"

3）"我认为价格上涨是因为……"

4）"我认为价格将会上涨，因为……"

5）"当市场上涨时，我认为当……时价格会出现震荡。"

- 做多的必要条件是什么？
- 做多还需要满足哪些其他条件？
- 在做多之前，不能发生哪些事件？
- 在做多之前，绝对不能发生哪些事件？
- 你的资金管理策略是什么？
- 你会如何设置止损？
- 你如何判断市场不再具有看涨的思维连续性？

1）你依据什么做出这样的判断？

2）如果多头仍在掌控局面，会发生什么？

3）如果多头仍在掌控局面，有哪些事件不会发生？

4）如果多头仍在掌控局面，多头应该如何阻止空头呢？

- 你会如何确定退出策略？
- 你会如何确定再进场策略？

交易者的目标应该是以清晰和精确的方式，写下自己对市场的看法——哪些是做多或做空的必要条件，哪些是退出交易的必要条件，以及哪些是空仓的必要条件。交易者越能够准确地描述出自己的信念和方法，交易能力就越强。

市场不等人这个重要的事实每个人都知道，但大多数人始终记不住。交易者在进行交易时是活在当下的，因此交易者必须要能够迅速做出决策。因为在这时，只有交易者自己才能下定决心。当交易者考虑是否要建仓的时候，没有时间再去质疑交易方法的有效性。

"犹豫者已经输了"

交易者把交易方法书面化能为大脑创造一条捷径，让大脑能够立刻接受全部事实，并且发出"好的，一切就位——现在开始做多"的指令。假如交易者已经掌控了自己的品格、信念和恶习，大脑就会判断交易方法是否正确或已经过时。自我会阻挠交易者写下自己的方法，这是因为一旦交易者把交易方法写在纸上，就无法再进行逃避，只能和自我正面交锋了。

通过写下信念、期望和方法，交易者将创造出确定性，自信水平会显著提高，因为交易者不会再感到恐惧。同时，交易者的自律水平也会提高，因为交易者无法再为进出市场的决策找借口。由于交易者验证了交易方法的有效性，并且将交易方法进行了量化，因此勇气水平也会提升。同时，大脑也无须再说服交易者去相信交易方法的有效性，而可以把精力转移到潜意识上面去，从而提升直觉水平。交易者在写下自己的交易方法之后会感到这样做十分有效，能够让自己坚持下去，并以此强化正直的品格。在习惯之后，交易者甚至会感到疑惑，为什么其他人不把自己的交易方法写下来呢？

| 第 20 章 |

基本面分析策略

你看到的基本面通常都没用，因为市场已经对其给出了定价，我把这称为"有趣的想法"。然而，如果你能赶在别人之前明白这一点，那么你就有可能得到有价值的"想法"。

——埃德·塞科塔

在我的一生中，我对地理、政治、经济和历史都进行过深入的研究，我认为它们是相互关联的，我把学到的这些知识用于投资全球市场。

——吉姆·罗杰斯

基本上，我的全部交易都基于基本面分析。

——吉姆·罗杰斯

可能有人会想:"嘿,这些知名投资者的表述是相互矛盾的!"是啊,但是这又如何呢?忘记灵活性的作用了吗?交易者本来就应该运用不同的交易方法,但是他们具有相似的信念和品格,知道如何控制交易恶习,也知道自己设计交易策略的重要性。无论是技术交易者还是基本面交易者,总归都是希望实现持续盈利的交易者。

在前文中,我们讨论了一些技术分析工具,这些工具一直为我所用。20世纪70年代中期,我刚刚开始交易股票,那时我是一个纯粹的技术交易者,一点也不关心和基本面有关的"有趣的想法"。我当时认为,已知的基本面信息都已经反映在价格上了。直到现在,我仍然相信这一点。但是,市场有时会陷入思维连续性混乱,仿佛除了思维连续性之外,其他一切因素都对市场起不了任何作用。不过,有一点需要注意:市场会变得如此歇斯底里,背后肯定有许多"歇斯底里"的交易者,才能维持这种状态。一旦后续新进场的交易者和资金减少,那么之前的思维连续性混乱就会随着市场一同崩溃。

请回答这个问题:你是技术交易者还是基本面交易者?大多数人会回答说,他们是技术交易者,这是因为交易者学习技术指标要比理解基本面容易得多。人们能够迅速发现和市场走势不符的技术指标,因此许多交易者会购买计算机,然后再买一套内嵌全部技术指标的计算机交易程序,之后他们就会在短期内成为"技术分析专家"!

交易者要想厘清基本面和市场价格的关系,需要进行大量研究。哎,有些人白白上了几年大学,却依然无法看清大局!编写一个计算价格的程序是一回事,而编写一个包含基本面变量的程序则是另一回事。技术分析指标是肉眼可见的,并且交易新手不需要进行太多思考就能够应用,但是基本面分析与之相反。基本面分析并不像技术分析那样吸引人，并且需要交易者进行大量的思考，这一点和围棋很像。

正如我所强调的，交易方法不分对错，但是交易者依然需要了解一些市场的基本面信息。市场在某种程度上是由内部供求关系决定的。市场进入长期熊市的根本原因是什么呢？例如，为什么黄金价格在过去十年里一直缓慢下跌？市场形成这种趋势的根本原因是什么？根本原因就是供求关系不平衡。当一种力量比另一种力量更为强大时，市场就会形成趋势。

市场为什么会形成上升趋势呢？原因可能有几个：①供给减少；②需求增加；③需求下降的速度慢于供给下降的速度；④供给增加，但需求增加得更快；⑤供给保持不变，但需求增加。

市场为什么会形成下跌趋势？与上升趋势的原因正好相反。市场为什么会横盘呢？因为市场供求平衡。这时价格代表什么呢？这时的价格是数字体现的供求平衡的程度。交易者应通过公开信息，从价格波动当中实现盈利。技术分析能够为交易者提供有价值的信息，基本面分析也能够提供有价值的消息。关键是要清楚，这两种分析方法都要求交易者进行思考！

通常，不同市场之间是相互关联的。观察一下不同市场的走势，能够很容易发现这一点。例如，日元与原油价格之间存在相关性。从技术分析的角度看，这种相关性很容易理解。如果日元升值，那么原油价格将会反弹。但是，真正理解基本面的交易者能够先于技术分析交易者，抓住思维连续性的拐点。无论在哪个市场进行交易，交易者对市场的理解越深入，就越有可能获得成功。

设计包含基本面分析的交易方法会不会更难一些？当然会！交易新手是否能完全理解基本面分析呢？当然不能，因为这需要付出大量的努力！在任何一个市场中，交易者能够运用的知识，都取决于交易者能在多大程度上将基本面分析融入自己的交易方法当中。随着经验的不断增加，交易者的知识水平也会得到提高，从而能够把更多的知识融入自己的交易方法之中。

　　市场形成趋势既可能是因为技术因素，也可能是因为基本面因素。但是矛盾点在于，当基本面因素改变市场趋势时，交易者往往会忽略基本面的作用。换言之，如果市场出现暴涨，技术分析者会说市场正处于一轮坚实的上涨趋势当中，基本面分析者却可能会说现在的高价格并不是由大宗商品的旺盛需求推动的。然而，投机者会买入大宗商品的原因，就是价格在一直上涨。因此，市场就这样在人类的恶习——贪婪当中，不断被推高。除非供求关系发生改变，否则价格不断上涨市场注定会崩溃。最终，思维连续性会被打破，价格会暴跌。那么，有哪些基本面事件和技术事件会导致思维连续性出现拐点呢？

　　如果交易者意识到市场已经进入歇斯底里的状态，要做空吗？交易者只有在交易方法提示做空时，才应该做空。但是我要提醒交易者，这样做可能会导致巨大的亏损，因为在人群停止歇斯底里之前，交易者很难找到一个合适的点位做空。如果交易者在思维连续性出现拐点之后的高位做空，可能会有更好的效果。另一种方法是等待市场触及高点并崩溃，然后当市场再次上行时做空。再说一次，没有完美的交易方法，交易者必须设计属于自己的策略。

　　或许交易者还可以综合运用基本面和技术分析做多，在技术分析发出看涨信号时建仓，然后在基本面确认牛市的思维连续性存在时加仓。之后，在基本面或技术分析（以先出现的为准）发出疲弱信号时减仓，在其中一个因素发出看跌信号时平仓。

交易者越熟悉市场就越能提高盈利的概率。这是不是意味着每个人都必须成为专家型交易者呢？这取决于交易者自身的条件。我认为交易者越了解大宗商品，就越能从大宗商品交易中获得盈利。交易者越了解大宗商品的基本面，就越能占据交易的"优势"。

基本面知识在市场出现拐点时，具有重要意义。当市场出现拐点时，如果交易者使用纯粹的技术分析方法，往往会亏损。如果交易者在设计交易方法时能够融入基本面因素，那么当市场出现拐点时，基本面因素会优化技术分析的结论。

交易者能够借此屏蔽技术分析发出的错误信号，防止反复止损的情况出现。这个方法的难点在于基本面因素每次都会出现不同的变化。

我强烈建议交易者深入学习每个交易市场以及市场之间的相互关系。例如，如果你在交易豆油，那么你知道椰子油对豆油价格的影响吗？也许你的交易方法根本不考虑基本面因素，这也无妨，毕竟交易方法代表你对市场的独特看法。即使你的方法不包含基本面因素，我也敦促你学习一下有关基本面的知识，因为这将有助于你更好地进行交易。

我在观察各类市场时，喜欢通过各类网站获取信息。我发现有个窍门很有用，那就是阅读外国报纸的网络版，这让我意识到虽然美国是全球经济的重要组成部分，但是美国以外的其他地方也很重要。这些来自外部的信息会很自然地受到当地和全世界的影响。因此，我从事交易的市场，自然也会受到国际因素的影响。了解这些外部信息有哪些好处呢？我来举个例子。1997年，马来西亚货币贬值，影响了周边国家的币值。货币贬值大大增加了马来西亚的进口成本，降低了其出口成本，而我所交易的原油和大豆正是受到币值直接影响的两种大宗商品。

简单地说，货币贬值必然导致原油价格下跌，因此大豆价格也会下跌。于是，我运用自己的交易方法，等待这两种大宗商品的看跌信号。交易者耐心等待的能力，取决于自身的品格。我发现了基本面给出的明确信号，即在供给不受影响的情况下，需求出现下降会导致价格下降，而技术分析方法让我找到了准确的切入点。

  交易者对基本面了解得越多，就越有可能盈利。理解"大局"能够给人带来信心，让人能够抓住市场的趋势性机会。

| 第 21 章 |

计算机交易程序与优化谬误

随着时间的推移,我的操作越来越机械化,因为:①我越来越相信趋势交易;②我的机械化程序已融入越来越多的"交易技巧"。我仍然认为自己可以超越系统,但这样的尝试会在一次次的亏损中自我修正。

——埃德·塞科塔

关键问题在于,人都有弱点。我们可以用严格的方法测试一个系统,看看这个系统过去的表现如何,并对其未来的表现做一个预期。这是我们的优势。

——拉里·海特

计算机是交易者最为常用的设备。但是很不幸，许多交易者都使用计算机进行交易，却不用大脑思考！直接买一套计算机交易程序和静下来设计属于自己的交易方法，是有很大区别的。开发者通过销售计算机交易程序进行获利，但是，如果交易者对于这套程序背后的原理和规则一无所知的话，那么这套程序对于交易者来说，基本上是一文不值的。

成功的交易者从一开始就建立起了自己的交易系统，形成一套交易方法。当他们设计交易策略时，他们也会研究和购买计算机交易程序，或者从其他交易者那里学习技术指标或交易信念。但是区别在于，在验证之前，这些交易者不会使用这些买来或学来的技术。只有经过不断地尝试和验证，确定了技术的有效性之后，成功的交易者才会把它们添加到自己的交易方法之中。

交易者在设计交易方法时，需要采取如下步骤。

- 交易者必须明确自己对市场的观点。他们需要运用比喻的方法，准确地描述出市场的走势。
- 交易者需要信念，让自己能够感知到市场上反复发生的事件。
- 这些事件必须是持续的、可识别的、可量化的，必须能够被人识别出来。
- 交易者需要对这些事件进行测试，以确定事件的有效性和重复的概率。
- 在完成全部验证和概率研究之后，交易者要把交易方法写下来，并持续运用这个方法进行交易。
- 交易者通过计算机，对交易方法进行编程。
- 编程完成之后，交易者就能很快进入角色，开始交易。这时，交易者已经对全部的研究信息了然于胸了。

每位交易者在设计交易方法时,都应该回顾一下上面这些步骤。但不幸的是,设计一个能够准确反映交易方法的交易系统,需要花费大量时间。但是,一旦建立了交易系统,交易者就超越了其他98%的人。这是一个巨大的优势,因为交易者能够通过交易系统持续地交易,不管盈利与否交易者都能够提高自己对市场的感知能力,从而提高自己的盈利水平。需要强调的是,设计交易方法需要进行大量研究,而研究则依靠交易者的内在信念,交易者必须对自己的信念负责。

在某种程度上,交易者必须通过计算机优化自己的交易方法。当交易者运用数学公式,使用变量描述市场波动时,就是在进行优化。通过编程对变量进行数学排列,然后分析这些排列与盈利能力的相关性,就可以找到对盈利贡献最大的那个变量。换句话说,通过确定最佳变量组合,交易者能够设计出具有高盈利水平的交易方法。但问题在于,该方法只对历史数据有效,而对当下没有价值。

假设我们有一套移动平均线交叉的交易系统,规则很简单:如果短期移动平均线上穿长期移动平均线,则做多;如果短期移动平均线下穿长期移动平均线,则做空。因此,我们始终在做多或者做空。通过编写(或购买)程序,我们可以改变短期和长期移动平均线的参数,计算全部周期排列,找到盈利能力最强的长短期移动平均线的组合。举例来说,交易程序最终可能指出15天短期移动平均线和57天长期移动平均线的组合盈利能力最强。一般情况下,盈利最多的组合会比排名第二的组合,盈利高出一倍!

这时,许多交易新手会感到非常兴奋,确信自己找到了"圣杯"!但是,这里有个大问题。

这些交易者浪费了大量时间,因为他们只是对历史数据进行了拟合。尽管看上去结果不错，那是因为这些回测只针对特定时间段的历史数据。换言之，如果交易者修改交易时段，或者更换不同的合约数据重新进行计算，他们很可能会得出不同的优化结果。

在某种程度上，所有交易者都在进行交易优化。需要明确的是，如果改变数据时段，或者使用不同类型的合约，优化结果会发生变化。交易者要寻找能够在不同合约和时间段都表现出色的变量组合。

当交易者开始分析各种变量的盈利能力时，应该主动舍弃那些贡献最多盈利的变量。为什么？假设 n 个变量集合产生了 2000 美元的盈利，盈利第二大的变量集合产生了 1000 美元的盈利，盈利第三大的变量集合产生 950 美元的盈利。那么可以肯定产生了 2000 美元盈利的变量集合过于优化，因此毫无价值。

交易者进行优化研究，就是要找到一组表现良好的、能够适用于不同时间段和不同交易品种的变量，特别是能在牛市和熊市当中均发挥作用的。最后扩展一点，最近有几款基于算法的交易系统让交易者获得了盈利，但是这些交易系统只适用于牛市。当市场处于横盘或下跌时，这些交易系统会让交易者亏掉很多钱。在设计交易系统时，要尽可能广泛地覆盖市场、趋势和时间周期，这一点非常重要。

交易者在设计交易方法时，请牢记你将面对牛市、熊市和震荡，你的交易方法要能够适应这个事实。一个优秀的交易方法，要能够在全部的时间段和市场趋势当中实现盈利。

为了设计基于计算机的交易方法，交易者需要时间准备和做好心理建设，当然还需要强化正能量的信念，不断提升自己的品格，消除恶习。

| 第 22 章 |

掌握交易技能需要付出时间

除非你能全职操盘,,否则不要投机。

——伯纳德·巴鲁克

一般情况下，人们在开始新的尝试时，都会有未学走先学跑的冲动。这是自我造成的，因为自我喜欢即时的满足感。然而，这也引出一个现实的问题：交易者需要努力多长时间，交易能力才能达到一定的水平呢？答案有点含糊，因为这取决于个人的努力程度。

为了成功，交易者需要大量的参照、有效的信念，以及"内化"新技能和新观念。交易者的参照越多，能力提升就越快，这种参照可以来自其他人。

我在这里强烈推荐几个研讨会。我最推荐的是安东尼·罗宾斯的"与命运约会"。"与命运约会"能够帮助你明确自己的目标、信念和价值观。虽然这个研讨班不是专门为了交易者开设的，但我知道很多参加过的交易者都觉得受益匪浅。还有理查德·麦考尔博士——一位踏踏实实的执业心理学家的研讨会，他同时也在 Bushinkai 道场教授传统武术、日本武士哲学和佛教禅宗。麦考尔博士还教授静修，这与交易者的精神信念也有关系。这些研讨会都面向交易者，机会难得。另外，我最喜欢在拉斯维加斯举行的 TAG 会议，这个会议通常在每年的 10 月或 11 月举行。

书籍和录音带也是很好的学习资源。还有一种新的信息源，就是可供订阅的各种电子邮件列表。例如，由于我使用了 Omega Trade Station（第 4 版），所以我订阅了 Omega 电子邮件列表。虽然列表中的绝大多数信息都是解答用户技术问题的，但是偶尔会有一两个能够提供交易信息。请牢记，那些稳定盈利的交易者都在忙于交易，他们是没有时间去发电子邮件的，而交易新手则会付出大量时间去发表评论，最有价值的帖子一般会在周末出现。最有价值的参照来自交易者的亲身经历。大脑会因为每次新的事件而产生出新的信念或者对旧的信念进行强化。运用本书中提到的技巧，交易者将能够挑战脑海中的"旧思想"。因此，交易者将能够接受新的信念，提升对市场的感知力。当交易者付出真金白银进场交易时，需要不断地强化积极的信念。通过运用风险控制措施，交易者将能够保持良好的财务状况。

零差错交易技能需要通过不断地磨炼才能掌握。交易者应该通过程序下达指令，消除错误的概率。在面对新的事件时，只要交易者能够坚定不移地接受新的信念，就能提升自身的能力。

交易者要多久才能实现持续盈利，也取决于交易者能否明确自身的信念。市场是什么，是朋友还是疯子？交易是有趣的，还是像战斗一样残酷？什么是牛市，什么是熊市？什么是亏损，什么是盈利？你的交易目标是什么？你掌控了自己的品格吗？你能控制自己的恶习吗？你对学习有什么信念？学习有趣吗？你的思维灵活吗？你相信自己能够感知到别人的信念吗？你能理解其他人的做法吗？你如何看待为学习付出的时间？你怎么看意识？你如何看待市场波动及他人和自己的行为？

交易者要多久才能掌握交易技能，取决于交易者要多久才能掌控自己。在各个方面都能够表现出色的人都是出类拔萃的，他们没有佯装自信，因为他们本身就很自信。他们不会逃避恐惧，因为他们本身就没有恐惧。佯装出来的特质都不是真的，强行去做某些事情只会遭遇挫折。

知道要做什么并不难，真正做起来则是完全不同的。交易者必须迈出第一步，让信仰归位。一旦交易者拥有了信仰，就能心想事成，当然，第一步总是最难迈出的。

我在参加完由安东尼·罗宾斯组织，理查德·麦考尔博士点评的"与命运约会"之后开始明白了，原来交易者在寻找的秘密不是某个指标、交易系统或计算机程序。相反，成功的秘诀在于掌握思考的能力，强化自己的价值观和信念。换言之，人们身上的品格才是决定成功最重要的因素。

研讨会物超所值，我不仅学会了如何更快乐地生活，还学到了真正的交易秘诀。

成功的交易者都能够将市场内化于心。他们不再从外部视角去分析市场，而是与市场"合二为一"。许多有一定经验的交易者都会意识到，市场永远不会去证实他们的信念。他们知道市场只是自己内在信念的反映，为了能够持续盈利，他们必须改变自己的信念以适应市场。

通过运用成功人士的信念和规则，交易者可以大大缩短实现目标的时间。但交易者仍然需要进行大量的研究，也会继续面对陡峭的学习曲线。当然，这样做依然可以缩短学习的时间。

这一章很简短，但我相信你已经认识到，成功的交易是由交易者自己掌控的。交易者要做的就是拓展需要的交易技能，在面对困难时努力地脱颖而出。交易者可以缩短掌握交易技能的时间，但仍需要付出一定的"学费"。

| 结语 |

融合归纳

  训练无所不能，没有什么是训练不能实现的。它可以把坏的品德变好；它可以摧毁坏的原则，重新创造好的原则，它可以把人变成天使。

——马克·吐温

  赚钱比正确重要。始终希望自己正确的人会害怕做出决定，而想要赚钱的人则愿意改变自己的决定，接受市场的安排。

——汤姆·R.彼得森

训练自己的信念有助于交易者实现目标。在训练中，交易者能够强化品格，消除恶习，让自己成为期待中的样子。每个人都能够自主决定强化哪些品格，消除哪些恶习。每一天，人都在决定自己的生活方式。每一天，人身上都反映出内心珍视的信念和品格。

交易账户金额的波动能够准确地反映出交易者的能力。交易者的能力就是交易方法发挥作用的能力。交易者的交易方法能够持续盈利，是因为交易者具备了设计交易方法所需的信念。

交易的伟大之处在于，虽然交易能够带来巨大的财务回报，但是其与交易者获得的信念上的回报相比不值一提。交易的难点正是其伟大的原因。一般情况下，人们被困难包围时正是他们提升品格和信念的时刻（假设他们希望迎接挑战）。人性是避害的，然而当交易新手决定交易时，似乎总会有无法克服的困难相继出现。问题在于，当他们意识到交易当中的困难远超想象时，他们会放弃吗？

交易者很容易陷入交易产生的恶习当中。自我、不确定性、嫉妒、焦虑、恐惧、沮丧、愤怒、撒谎、困惑、半途而废、怨恨和怀疑都只是恶习的一部分。交易新手很容易掉进一个陷阱，那就是即使正在亏损，他们也相信自己的信念是有效的。他们还会把责任转嫁给别人，因为学坏容易学好难！

财富会流向那些对财富抱持正确信念的人，就像水往低处流一样。是市场会评判交易者的信念和品格，那些缺乏信念的交易者一般都不具备很强的品格，很难从市场中得到回报（如果有的话）。资深的交易者都知道随着时间的推移，交易者的盈利能力其实是自身信念和品格的反映。

我写本书是要说明交易是很残酷的。当年我在 Lind-Waldock 公司工作的时候，每个月都会和很多交易者进行交流，我发现交易中存在颠扑不破的真理。市面上关于交易心理方面的书籍，远少于技术分析方面的书籍。绝大多数的出版物都关注"外在的"技术方法，而成功的交易需要的是"内在的"品质，但这些一直鲜被提及。如果你未能从本书中得到收获，那么也提请你注意：如果绝大多数人都在做你想做的事，而且他们都没有成功，那么请你不要步他们的后尘！

本书的每一章都旨在让交易新手理解成功交易者身上的信念。只要你愿意为自己的交易承担责任，那么本书所讨论的一切都能够为你所用。须知，正是你的信念让你变成现在的样子。如果你想变成另一番模样，就必须让信念帮你实现这个目标。在此之前，你必须放弃或改变旧的信念，产生新的信念。

为了迈出这一步，你必须先要厘清自己当下抱持哪些信念，然后分析这些信念到底对你有利还是不利。你需要去判断这些信念源自品格还是恶习。伟大的交易者能够掌控自己的价值观和信念，他们言行一致，因为他们具有深厚的内在力量。当人们依照自己的品格和信念生活时，就能拥有力量。持续盈利的能力是建立在交易者不断强化品格、消除恶习的能力之上的。

成功的交易者都曾经历一次重大事件，让其意识到交易到底需要哪些信念和品格。在产生新的信念以后，他们会始终如一地去坚持。这意味着即使面对痛苦，他们也不会动摇新的信念。他们知道真正影响盈利的不是市场波动，而是交易者对市场波动的感知和解释。

他们对市场的观点来自自身的信念，而信念又源于其价值观和恶习。

交易者在设计交易方法时，要努力提出高质量的问题。问题的质量越高，交易方法就会越好。成功的交易者之所以成功，是因为他们能够不断地自问，如何更好地发挥品格，创造出积极的信念。因此，他们会不断改进自己的交易方法、信念和品格，控制自己的注意力，关注交易目标。

提问对于交易者能否成功至关重要。交易新手会经常问一些问题，把注意力集中在恶习上面。例如，在亏损之后，许多人都会问自己一个糟糕的问题："为什么我在做多之前，没有发现趋势是下跌的？"这是一个非常消极的问题，只会把他们的注意力集中在恐惧、逃避责任和怀疑等恶习上面。有一种更好的提问方式："我能从这次经历中学到什么？"这会让交易者关注到品格。除了问题的质量之外，问题的数量也很重要，交易者要尽可能多地提出问题。成功的交易者之所以成功，是因为他们能够提出交易新手提不出来的问题。

通过提问，交易者能够转移注意力，进而改变自身的感受。亏损之后，一些积极的问题，包括"亏损有什么大不了的""我能从中学到什么"，消极的问题包括"为什么我从没赚过钱"。当交易者设计交易方法，并且努力提升品格时，大脑会优先处理交易者关注的事务。但是，由于市场中信息庞杂，集中处理多方信息仍有不小的难度。因此，大脑有时会把那些不该得到关注的信息排在优先位置进行处理。

如果交易者不关注积极的因素，就只会愤怒。换言之，假如有一笔交易重大亏损，而交易者如果只关注和亏损相关的问题的话，就肯定无法关注到积极的因素。一个人无法同时关注多个方面的问题。

现在，假如交易者决定提出一个积极的问题，如"我能从这次交易中学到什么，如果学会了这样的亏损是不是就不会再发生？"，之后交易者的关注点就会完全不同，并且不会再感到愤怒。优秀的交易者会不断地自问，这些问题能够强化品格，并使其创造出能够实现盈利的交易方法。

我们绕了一个大圈，现在回到了原点。交易者能否成功，取决于本书的内容是否有效。我怀疑你能否看清真相——虽然有些真相你可能并不感兴趣。交易是最难的行业，但一旦找对了门路，交易也是最容易赚钱的行业。交易既能够给交易者带来巨大的回报，也可能带来巨大的心理创伤。

地球上的每个人都在朝着个人目标前进。那些拥有信仰，能够通过品格控制自己的人能实现目标。交易者通过交易，可以锻炼自信、自律、勇敢、直觉和执着的品格，消除恐惧、焦虑、愤怒和怨恨。如果交易者不断强化自身的品格，就能不断消除自身的恶习。最终，交易者将怀着正直的品格实现目标。

推荐阅读

序号	书号	书名	序号	书号	书名
1	30250	江恩华尔街45年（珍藏版）	42	41880	超级强势股：如何投资小盘价值成长股
2	30248	如何从商品期货贸易中获利（珍藏版）	43	39516	股市获利倍增术（珍藏版）
3	30247	漫步华尔街（原书第9版）（珍藏版）	44	40302	投资交易心理分析
4	30244	股市晴雨表（珍藏版）	45	40430	短线交易秘诀（原书第2版）
5	30251	以交易为生（珍藏版）	46	41001	有效资产管理
6	30246	专业投机原理（珍藏版）	47	38073	股票大作手利弗莫尔回忆录
7	30242	与天为敌：风险探索传奇（珍藏版）	48	38542	股票大作手利弗莫尔谈如何操盘
8	30243	投机与骗局（珍藏版）	49	41474	逆向投资策略
9	30245	客户的游艇在哪里（珍藏版）	50	42022	外汇交易的10堂必修课
10	30249	彼得·林奇的成功投资（珍藏版）	51	41935	对冲基金奇才：常胜交易员的秘籍
11	30252	战胜华尔街（珍藏版）	52	42615	股票投资的24堂必修课
12	30604	投资新革命（珍藏版）	53	42750	投资在第二个失去的十年
13	30632	投资者的未来（珍藏版）	54	44059	期权入门与精通（原书第2版）
14	30633	超级金钱（珍藏版）	55	43956	以交易为生II：卖出的艺术
15	30630	华尔街50年（珍藏版）	56	43501	投资心理学（原书第5版）
16	30631	短线交易秘诀（珍藏版）	57	44062	马丁·惠特曼的价值投资方法：回归基本面
17	30629	股市心理博弈（原书第2版）（珍藏版）	58	44156	巴菲特的投资组合（珍藏版）
18	30835	赢得输家的游戏（原书第5版）	59	44711	黄金屋：宏观对冲基金顶尖交易者的掘金之道
19	30978	恐慌与机会	60	45046	蜡烛图精解（原书第3版）
20	30606	股市趋势技术分析（原书第9版）（珍藏版）	61	45030	投资策略实战分析
21	31016	艾略特波浪理论：市场行为的关键（珍藏版）	62	44995	走进我的交易室
22	31377	解读华尔街（原书第5版）	63	46567	证券混沌操作法
23	30635	蜡烛图方法：从入门到精通（珍藏版）	64	47508	驾驭交易（原书第2版）
24	29194	期权投资策略（原书第4版）	65	47906	赢得输家的游戏
25	30628	通向财务自由之路（珍藏版）	66	48513	简明期权
26	32473	向最伟大的股票作手学习	67	48693	跨市场交易策略
27	32872	向格雷厄姆学思考，向巴菲特学投资	68	48840	股市长线法宝
28	33175	艾略特名著集（珍藏版）	69	49259	实证技术分析
29	35212	技术分析（原书第4版）	70	49716	金融怪杰：华尔街的顶级交易员
30	28405	彼得·林奇教你理财	71	49893	现代证券分析
31	29374	笑傲股市（原书第4版）	72	52433	缺口技术分析：让缺口变为股票的盈利
32	30024	安东尼·波顿的成功投资	73	52601	技术分析（原书第5版）
33	35411	日本蜡烛图技术新解	74	54332	择时与选股
34	35651	麦克米伦谈期权（珍藏版）	75	54670	交易择时技术分析：RSI、波浪理论、斐波纳契预测及复合指标的综合运用（原书第2版）
35	35883	股市长线法宝（原书第4版）（珍藏版）	76	55569	机械式交易系统：原理、构建与实战
36	37812	漫步华尔街（原书第10版）	77	55876	技术分析与股市盈利预测：技术分析科学之父沙巴克经典教程
37	38436	约翰·聂夫的成功投资（珍藏版）	78	57133	憨夺型投资者
38	38520	经典技术分析（上册）	79	57116	高胜算操盘：成功交易员完全教程
39	38519	经典技术分析（下册）	80	57535	哈利·布朗的永久投资组合：无惧市场波动的不败投资法
40	38433	在股市大崩溃前抛出的人：巴鲁克自传（珍藏版）	81	57801	华尔街之舞：图解金融市场的周期与趋势
41	38839	投资思想史			

大师人生

 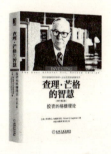

书号	书名	定价
978-7-111-49362-4	巴菲特之道（原书第3版）	59.00
978-7-111-49646-5	查理·芒格的智慧：投资的格栅理论（原书第2版）	49.00
978-7-111-59832-9	沃伦·巴菲特如是说	59.00
978-7-111-60004-6	我如何从股市赚了200万(典藏版)	45.00
978-7-111-56618-2	证券投资心理学	49.00
978-7-111-54560-6	证券投机的艺术	59.00
978-7-111-51707-8	宽客人生：从物理学家到数量金融大师的传奇	59.00
978-7-111-54668-9	交易圣经	65.00
978-7-111-51743-6	在股市遇见凯恩斯："股神级"经济学家的投资智慧	45.00

投资大师·极致经典

书号	书名	定价	作者
978-7-111-59210-5	巴菲特致股东的信：投资者和公司高管教程（原书第4版）	99.00	沃伦 E 巴菲特 劳伦斯 A 坎宁安
978-7-111-58427-8	漫步华尔街（原书第11版）	69.00	伯顿 G. 马尔基尔
978-7-111-58971-6	市场真相：看不见的手与脱缰的马	69.00	杰克 D. 施瓦格
978-7-111-62573-5	驾驭周期：自上而下的投资逻辑	80.00	乔治·达格尼诺
978-7-111-60164-7	格雷厄姆经典投资策略	59.00	珍妮特·洛